区域综合课程
创造力研究与实践

主　编: 朱国花

副主编: 张　玥　张　驰　顾　岚

编　委: 张嘉丹　樊媛媛　赵馨雨　顾家瑜　康　榆　沈宇婷
　　　　孙沁泠　陈　敏　王惠英　付四平　严雪漪　江　英
　　　　马艳蓉　陆　丹　臧延长　姚久龙　胡　尧　曹　蕾
　　　　贺　嘉　徐雨欣　杨佳楠　傅文首　沈晓文　孙　沁
　　　　沈思宇　赵诗蓓　陆铭昊　汤　晟　吴子怡　吴瑞楠
　　　　马文婷　王　慧　封　烨　阮欣怡　陈　煜　董鑫磊
　　　　傅宇芸　刘嘉华　唐祯瑜　严雨好　张心平　倪晴雯

上海交通大学出版社
SHANGHAI JIAO TONG UNIVERSITY PRESS

内容提要

　　本书是上海市澧溪中学基于上海市教委《基于区域特色的学校综合课程创造力培养研究与实践》项目的阶段性成果。编写团队结合学校自身文化特色和区域特点,以"基于新时代君子文化特色的区域综合课程创造力研究与实践"为主题,设计开发了"文创:七彩博物馆""航创:未来航海家"和"融创:未来创业家"综合课程,着手研发校本化、主题式的综合课程纲要,初步形成了扎根本校文化特色、符合区域实际、体现时代精神、选择丰富多样、有助于创造力培养的综合课程体系。本书适合致力于基础教育阶段综合课程创造力开发的教师、管理人员以及从事教育学科研究工作的相关人士阅读使用。

图书在版编目(CIP)数据

区域综合课程创造力研究与实践/ 朱国花主编. ——
上海：上海交通大学出版社，2023.7
　ISBN 978-7-313-29074-8

　Ⅰ.①区… Ⅱ.①朱… Ⅲ.①中学－教学研究 Ⅳ.
①G632.0

　中国国家版本馆 CIP 数据核字(2023)第 130125 号

区域综合课程创造力研究与实践
QUYU ZONGHE KECHENG CHUANGZAOLI YANJIU YU SHIJIAN

主　　编：朱国花
出版发行：上海交通大学出版社　　　　　　地　　址：上海市番禺路 951 号
邮政编码：200030　　　　　　　　　　　　电　　话：021-64071208
印　　制：上海万卷印刷股份有限公司　　　经　　销：全国新华书店
开　　本：787 mm×1092 mm　1/16　　　　印　　张：9.25
字　　数：171 千字
版　　次：2023 年 7 月第 1 版　　　　　　　印　　次：2023 年 7 月第 1 次印刷
书　　号：ISBN 978-7-313-29074-8
定　　价：59.00 元

教育：生命与生命的美好礼遇。

——上海市澧溪中学校长　朱国花

担当展现情怀志，创客因缘君子心

——"点赞"澧溪中学"三创"综合课程建设项目

上海市澧溪中学是一所位于周浦古镇、拥有 65 年办学历史的老校，积淀有较丰厚的教育实践资源，诸如劳动教育等成果经验曾经在市层面宣传，办学质量在周浦乃至浦东新区拥有较高声誉和较大影响。这当然是学校历届领导班子带领全体教职员工踔厉奋发、求真实干的结果。特别是近几年，朱国花校长带领下的澧溪中学，恰逢上海大力推进义务教育优质均衡发展的战略期，接受了扩校区、领学区、入集团等新任务，打造成拥有三个校区、周浦学区牵头校和上海市实验学校教育集团校等系列大格局，在办学理念与办学实践、开拓精神与育人特色等方面展现了大境界，确立了"新时代君子"文化下办学新路。本书项目及其成果就是在这些背景下水到渠成的。

诚如本书"前言"所述，2019 年上海市教委推出《基于区域特色的学校综合课程创造力培养研究与实践》项目，浦东与嘉定承担先行先试任务。浦东成立"创教育课程"为载体的"文创""科创""航创""融创"四个联盟，每个联盟分别由几所跨学段的学校加入。但同时加入三个联盟的只有澧溪中学；同时能完成三个主题的"创教育课程"校本纲要和单元设计汇编的，大概也只有澧溪中学。这不得不让人对今天的澧溪中学产生钦佩之情！我粗略翻阅本书，感受到了不少亮点。

第一，蕴有"新时代君子"之魂。我曾有幸受邀与朱校长等校领导就学校办学特色君子文化研讨，从"梅兰竹菊"四君子到"自强不息、厚德载物"大君子等结合新时代面向未来等思路进行"头脑风暴"。在本书的目录和案例目标中，这些曾经议论到的精神，都有相应的体现。

第二，践有"启智拨思"之道。这原是学校提出的课堂文化之一，但这也是当前我们提倡的项目化学习模式之一。本书收录的课程单元设计，能展现出提出问题、设计方案、行动探究等过程，将古人"博学之、审问之、慎思之、明辨之、笃行之"的学养特质贯穿其间，能让学生体验"会学"的法道。

第三，辅有"教之富源"之器。学校提出在理念、课程和资源等方面开拓大空间的追求，在本书中也有较明确的体现。设计层面借鉴先进课程理论和专家建议，实践层面更是打破了传统教室壁垒，建设不同专题的"创新实验室"，还走出校园，利用大社会、大自然等"活课堂"空间。资源颇"富"。

第四，展有"遇见美好"之效。这是一种"积极心理"的学习态度，更是在实践体验和深入探索之后的自然之果。我曾到澧溪中学参加过"航创"为主题的一次展示活动，就目睹了广大师生在这些课程经历后的"遇见美好"，君子心态和核心素养均有极佳展现，创造力也得到很好培养。

这些粗略之言未必成识，但均属于自然流出的真实感想。

赵才欣

上海市教委教学教研室原副主任，特级教师

中国教育学会地理教学专业委员会常务理事

2023 年 3 月 3 日

　　本书是上海市澧溪中学基于市教委《基于区域特色的学校综合课程创造力培养研究与实践》项目的阶段性成果。编写团队结合学校自身文化特色和区域特点，以"基于新时代君子文化特色的区域综合课程创造力研究与实践"为主题，设计开发了"文创：七彩博物馆""航创：未来航海家"和"融创：未来创业家"综合课程，着手研发校本化、主题式的综合课程纲要，初步形成了扎根本校文化特色、符合区域实际、体现时代精神、选择丰富多样、有助于创造力培养的综合课程体系。

　　本书旨在体现综合课程的开发基于学生全面多元的成长，是基于"五育"融合的功能集聚。这既是学校办学优质的发展方向，也是学校文化内涵价值所在，为优质化办学提供能量，为全面育人保驾护航。编写的原则主要突出区域特色，注重课程综合，强调研究真问题。通过目标导向，希望我们的学生能够在探究与想象、坚毅与审辨、合作与担当等方面实现质的飞跃；希望我们的教师能够在课程设计方面，设计对学生有成长意义且有挑战性的真实任务，设定可评估的目标并制定衡量创造力进步和挑战达成的标准，遵循项目学习的活动路径，在核心素养导向下，真正实现教与学方式的变革。

　　本书成稿基于四项实践研究。首先，关注课程建设，形成课程总述，包括学校现状分析（教师分析、学情分析和课程分析）、研究背景与指导思想、课程理念原则与总体目标、文献综述与理论基础以及设计思路与实施策略等五个方面；其次，研制课程纲要，形成"三创"综合课程的课程纲要，包括课程背景、课程定位、课程价值等，课程纲要涵盖课程目标、课程实施、课程评价等相应的板块内容；再次，编写学习手册，遵循"奶酪"（Cheese）法则。每一份学习单都包含激发兴趣（Curiosity）、形成方案（Hypothesis）、自主探究（Exploration）、科学解释（Explanation）、拓展活动（Spread）以及激励评价（Evaluation）六个部分；最后，建构评价体系，明确评价类型，形成评价量规,制定评价原则与方法,其中包含指向学生创造性思维评价的"五维四阶三评图"及其使用说明。

全书总共分为五章,第一章是"澧溪中学'三创'课程总述",由朱国花校长策划;第二章是"'文创:七彩博物馆'综合课程",由张驰老师策划;第三章是"'航创:未来航海家'综合课程",由张玥老师策划;第四章是"'融创:未来创业家'综合课程",由顾岚老师策划;第五章是"综合课程评价体系",由张玥老师策划。全书由张嘉丹与张驰两位老师统稿。

衷心感谢上海市浦东新区教育局领导对我校"基于新时代君子文化特色的区域综合课程创造力研究与实践"项目的倾力支持,感谢浦东教育发展研究院李百艳、李军、董赟等领导、老师的学术支持,感谢"航创"联盟牵头校上海海事大学附属北蔡高级中学马淑颖校长团队、"融创"联盟牵头校华东师范大学附属东昌中学薛志明校长团队、"文创"联盟牵头校上海市香山中学顾霁昀校长团队给予我校的资源支持,感谢赵才欣老师赐序、夏志芳教授指导,感谢上海交通大学出版社臧燕阳编审支持,感谢为本书出版策划的所有人。

由于编者精力和能力有限,如有讹误不妥之处,敬请读者批评指正。

朱国花

2023 年 3 月 3 日

目录
CONTENTS

第一章

澧溪中学"三创"课程总述

第一节 学校现状分析

上海市澧溪中学创建于 1958 年,地处经济发达与文化底蕴深厚的周浦镇。截至 2022 年年底,澧溪中学共有三个校区,53 个班级,2 236 名学生,162 名在编教师。

六十多年的办学历史,学校实现了从乡镇农村学校到城区领衔学校的跨越式发展。进入新时期,学校创新办学理念,坚持科学发展,形成了具有浓郁地域特色、学校特点的办学风格和育人模式,积累了许多具有独创意义的办学经验,尤其是结合地域特点、办学实际提出的"怀德有礼,遇见美好"的办学理念和"教育:生命与生命的美好礼遇"的办学追求,拓展的"理念空间、课程空间、资源空间"的"教之富源"的办学实践,为学校"个性发展""特色发展""品质发展",为"学校壮大空间""教师发展空间""学生成长空间"作了开拓性建树。同时衍生出"新时代君子"育人特色,为学生量身定制"君子"标准,探索"君子"成长规律和培养路径,深化"新时代君子"文化,走出了一条多元化、个性化、优质化的办学新路。

一、教师分析

学校现有教师 162 人。其中特级校长 1 名;高级教师 18 人,占比 11.1%;中学一级教师 53 人,占比 32.7%;中学二级教师 75 人,占比 46.3%。教师平均年龄 35.7 岁,师资队伍整体年龄呈现年轻化与均衡化的特点。青年教师虽然在教学实践方面经验较为欠缺,但其最大的优势是接受新事物能力强,求知热情高,创新意识强,发展潜力大,乐于教学改革,勤于教学创新,勇于挑战未知。因此,学校也长期聘请一批市、区级专家对其进行针对性指导,并通过强化横向交流学习,不断提升其专业素养。这为学校综合课程创造力项目实践与研究奠定了师资基础。

二、学情分析

学校现有三个校区,共有2 236名学生。康沈校区1 306人,其中1 182人是本镇本土的周浦人,占比90.5%,家庭条件良好,父母对孩子有较高的期待,对于教师也有较高的配合度。年家浜校区现有学生595人,一部分生源和康沈校区有着同质性,409人是本镇本土的周浦人,占比68.7%;近30%的学生是人才引进子女,这些家长大多受过高等教育,重视对孩子综合能力的培养,关注孩子的学习环境。周阳校区现有学生335人,其中274人为本市户籍,占比81.8%,近一半住户是市区和镇域动拆迁人口;其中近18%的学生是人才引进子女。三个校区截然不同的学生构成特点为澧溪中学设置有效的课程计划和开展正常有序的教育教学活动带来了更多的复杂性和挑战性,这也进一步要求学校综合课程要有多元性、丰富性、集群化、系列化发展,开发更多特色综合课程,以满足不同层次学生的成长需求,让学生有更多的选择。

三、课程分析

学校坚持以"教育:生命与生命的美好礼遇"的办学追求,以"传习增能,人文浸润"的课程文化为引导,以"生态汇集,启智拨思"的课堂文化为抓手,培育学生成为具有家国情怀、艺术修养、科学素养、智慧学识、健康活力、蓬勃自信、高远理想的"新时代君子";培育一支能适应"新时代君子"文化教育特色的"洁净正气,示范明道"的师资队伍,让教师成为课程的促进者、研究者、开发者,形成以"新时代君子"文化教育特色课程体系为载体的办学特色,建构人文性、实践性、创新性的特色课程体系。

学校严格执行上海市教委制订的初中课程计划,开足、开齐、开好国家课程。基础性课程旨在培养学生兴趣,获得学习体验,获得知识技能,提升学习能力;拓展性课程旨在激发学习兴趣,拓展学习空间,培养综合能力,促进个性发展;探究性课程旨在乐于合作交流,善于主动交流,勤于实践研究,勇于改革创新。结合学校"新时代君子"文化建设,积极探索基于培育"新时代君子"的育人目标的教学方法,关注人的成长,课程实施从封闭走向开放,实现真实学习。

学校从"人本"的学生发展实际出发,围绕"培养什么人、怎样培养人、为谁培养人"这一根本问题,建设以"科技+人文"为支持、以"求实+存异"为引领的,新时代多元发展、"新时代君子"综合提升的课程体系,全面彰显课程创造力,全力推动课程环境、课程教学、课程资源、课程育人价值的创新,使学校文化成为支撑中心工作的奠基石,渗透教学环节的润滑剂,达成培养目标的风向标。积极探索架构对学生合理的评价体系,课程评价从单一走向多元,助力个性成长,给学生提供教育支持,蓄养儒雅之神,滋长入世之劲,塑造伟岸之形,成就回报之功,发展自身,成就梦想,服务社会。

当然,学校课程顶层设计有待完善。主要体现在:其一,学校对课程理念仅有一句描述"问题比答案更重要,方法比知识更重要,信任比帮助更重要",形同缺位,应补充本校在文化理念系统统摄下对课程的理解;其二,有校本化课程设置与活动安排,但缺乏对其上位课程结构的思考,且课程分类不清晰;其三,对于国家课程、校本课程如何实施、如何评价缺乏系统、深入的思考,仅有的原则性描述尚不足以指导实践;其四,学校课程管理与保障措施基本沿袭过去教学管理经验,尚未形成系统化的课程管理机制。

第二节　背景与指导思想

一、顺应时代发展的需求

"十四五"时期是我国全面建成小康社会、实现第一个百年奋斗目标之后,乘势而上开启全面建设社会主义现代化国家新征程、向第二个百年奋斗目标进军的第一个五年,也是上海在新的起点上全面深化"五个中心"建设、加快建设具有世界影响力的社会主义现代化国际大都市的关键五年。当前,上海发展环境正在面临更为深刻复杂的变化,新冠疫情全球大流行加速了百年未有之大变局向纵深发展,经济全球化遭遇更多逆风和回头浪,世界进入动荡变革期,上海作为我国改革开放的前沿窗口和对外依存度较高的国际大都市,既首当其冲受到外部环境深刻变化带来的严峻冲击,也面临着全球治理体系和经贸规则变动,特别是我国引领推动经济全球化带来的新机遇。如何通过教育变革与创新,积极回应国家"双减"政策,全面落实立德树人,强化创新型人才培养,为不同潜质学生提供更多发展空间,支撑引领城市能级和核心竞争力提升,上海将承担更大使命、更多重任。

二、回应教育发展的要求

2022年4月,教育部印发《义务教育课程方案和课程标准(2022年版)》,其在课程内容结构、学业质量标准等方面都有较大变化,综合课程的建构很好地回应了新课程方案的五大基本原则。

(1) 坚持全面发展,育人为本。构建德智体美劳全面培养的课程体系。贯彻新时代党对教育的新要求,坚持德育为先,提升智育水平,加强体育美育,落实劳动教育。九年一贯设置课程,完善课程类别与结构,优化科目的课时比例,确保"五育"并举,促进学生健康、全面发展。

(2) 面向全体学生,因材施教。为每一位适龄儿童、少年提供适合的学习机会。

把握学生身心发展的阶段特征,注重幼儿园、小学、初中、高中各学段之间的衔接,体现不同学段目标要求的层次性。打好共同基础,关注地区、学校和学生的差异,适当增加课程选择性,提高课程适宜性,促进教育公平。

(3)聚焦核心素养,面向未来。依据学生终身发展和社会发展需要,明确育人主线,加强正确价值观引导,重视必备品格和关键能力培育。精选课程内容,注重培养学生的爱国情怀、社会责任感、创新精神和实践能力,奠基未来。

(4)加强课程综合,注重关联。加强课程内容与学生经验、社会生活的联系,强化学科内知识整合,统筹设计综合课程和跨学科主题学习。加强综合课程建设,完善综合课程科目设置,注重培养学生在真实情境中综合运用知识解决问题的能力。开展跨学科主题教学,强化课程协同育人功能。

(5)变革育人方式,突出实践。加强课程与生产劳动、社会实践的结合,充分发挥实践的独特育人功能。突出学科思想方法和探究方式的学习,加强知行合一、学思结合,倡导"做中学""用中学""创中学"。优化综合实践活动实施方式与路径,推进工程与技术实践。积极探索新技术背景下学习环境与方式的变革。

三、凸显课程建设的追求

深化上海市基础教育课程教学改革,推动中小学创新创造教育,探索基于情境、问题导向的互动式、启发式、探究式、体验式教学,注重保护学生的好奇心、想象力、求知欲,激发探究和学习兴趣,提升学生创新精神和实践能力,是落实教育基础性、先导性、全局性战略地位,建设高质量教育体系,培养创新型人才的重要抓手。

2019年,上海市率先布局开展区域课程教学改革创新试验,实施《基于区域特色的学校综合课程创造力培养研究与实践》项目(以下简称"创造力培养项目")作为上海市新时代深化基础教育课程教学改革的重要突破口,积极探索、先行先试,打造上海教育改革创新发展新标杆,为上海深化教育综合改革、加快推进教育现代化提供可复制可推广的经验。"创造力培养项目"选取浦东新区、嘉定区作为先行试点区域,开展为期四年的探索。

经过近三年的探索与实践,浦东构建起能够体现其金融、航运、科创、人文四大特色的"创教育课程"体系,并且通过四大特色课程联动小学、中学,力求实现十二年贯通设计,充分发挥学校在学生创造力培养中的主导作用,遴选首批28所学校参与项目实验,结合学校自身特点着手研发校本化、主题式的综合课程方案,初步形成了扎根本校文化特色、符合区域实际、体现时代精神、选择丰富多样、有助于创造力培养的综合课程体系。

澧溪中学有幸加入了"文创""融创""航创"三个联盟,以"基于新时代君子文化特色的区域综合课程创造力研究与实践"为主题积极建构基于学校自身文化特色的综合课程,初步设计开发了"七彩博物馆""未来创业家""未来航海家"综合课程。

四、培育"新时代君子"的诉求

学校综合课程创造力项目研究与实践的起点是基于学生的全面多元成长,是基于以人为本的原则,使学生在学校的发展中得到应有的成长。全面多元成长,是基于社会快速发展对人的需求多元复合全面的要求。学校综合课程创造力项目研究与实践的目标切合时代性和社会对人才培养需求,以"新时代君子"的多重培养与发展要素,为学生全面多元成长创造条件。

学校综合课程创造力项目研究与实践是基于"五育"融合的功能集聚,是立德树人的校本化,把时代要求以"五育"融合予以兑现,以"新时代君子"为人格化的育人方式,是以德为先、"五育"齐飞的全面成长。

学校综合课程创造力项目研究与实践是基于办学的整体提升完善,既是学校办学优质的发展方向,也是学校文化内涵价值所在,为学校高起点发展注入活力,为优质化办学提供能量,为全面育人保驾护航。

第三节　课程理念原则与总体目标

一、创造力内涵

创新是人类文明进步与社会发展的根本动力,也是提升个人竞争力的核心要素。已有研究中关于创造力内涵的定义不胜枚举,但通常可划分为狭义的创造力(又称为 Little Creativity,或"小 C"等)和广义的创造力(又称为 Big Creativity,或"大 C"等)两个层面。狭义的创造力多与科学探索、技术突破或艺术杰作有关,这不仅需要创造性思维,还需要杰出的天赋、精深的专业知识以及在特定领域的深度参与,同时产品的价值需要得到社会的认可。广义的创造力是几乎所有能够进行创造性思维的人都可以具备的,也是可以通过教育和实践提升的,它包括个体能够利用相关信息和资源,萌发新颖且有价值的观点、想法或创意,形成系统解决方案,产出产品或成果,并对自我、自然环境或社会实践产生积极影响。学校综合课程创造力项目中对学生创造力的培养特指广义的创造力。

二、课程性质

"创造力培养项目"从区域特色出发,依托项目学校综合课程,试图发展出一套指向学生创造力发展的有效方案。学校以综合课程为载体,基于真实情境开发一系列能够激发学生好奇心、使命感和创造性的驱动性任务,并通过提供多种指向学生创造力培养的学习设计、教学策略、评价量规等,推动学、教、评一体化实施,从而帮助学校在综合课程基础上实现学生创新能力、教师创造力培养能力、学校创新文化建设三方面协调发展。

三、基本理念

(一)项目目标以培养学生创造力为导向

培养学生创造力是新时代赋予上海教育人的重要使命,是基础教育各门课程的内在要求。学校综合课程创造力项目基于区域特色的学校综合课程,探索培养和发展学生创造力的基本范式、主要策略和具体路径;强调以创造力为导向的发展目标与学习和教学策略相互匹配,推动创造力培养的学、教、评一体化实施;鼓励开展真实情境下的教学创新实践,激发学生创意,引导学生学会创造,提升创新能力。本项目以综合课程为试点,最终实现让所有学科教学都成为培养学生创造力的共同土壤。

(二)项目开发尊重学生创造力发展的基本规律

学校综合课程创造力项目秉承以学习者为中心的设计理念,强调对学生创新能力的激发。基于学生创造力发展的基本规律对发展路径、方式进行有效指导,是本项目的一项重要指导原则。老师鼓励学生发现自己感兴趣的项目、设定适合自己的目标,在一连串挑战性问题的驱动下,为学生创造力培养与发展提供"脚手架"。重视体验与反思的循环,以学生作品反映学生阶段性能力发展进阶,不断形成激励每一个小组、每一名成员创造力成长的"路标"和"里程碑"。

(三)项目落地注重学、教、评一体化实施

学校综合课程创造力项目注重评价对学习、教学的引导与激励。项目专家组研制了涵盖小学、初中、高中十二年一贯的创造力发展进阶和阶段性创造力关键要素评价量规,学校引导学生将自主识别目标、选择重点目标、内化目标理解的过程融入到学、教、评一体化的课程学习、主题研究全过程,明确学生在真实任务驱动下学习与发展的重难点,并通过教师有效教学评价以适当形式给出反馈,持续推动学生创造力发展。在课程实践中,教师逐步体会并理解创造力培养的共性和阶段特异性,以评价为纽带实现学生与教师之间的合作共赢、共同成长。

学校坚持形成性评价与终结性评价并行,学生评价与教师评价并重。在评价量规中,聚焦创造能力,兼顾协作沟通、学习策略等核心素养,培养学生自我反思的习惯以及迭代想法、创造性解决问题的能力。评价量规如下:

(1)学生活动评价——团队活动记录单。团队合作贯穿于整个综合课程之中,为了更好地评集体、评个人,衡量学生合作能力的评价量规不可缺少。在团队活动记

录单中,一是关注学生个体在活动中的学习过程,要求以简练的语言、图片描述本次活动收获;二是关注学生个体在团队中的成长过程,用"我们＋我＋彼此"三个纬度,帮助学生形成过程性评价。具体量表见第五章第三节"评价量规的具体应用"。

（2）学生创造性思维评价——五维四阶三评图。创新素养是综合课程的核心,创造性思维评价量规是为了帮助学生和教师剖析学习素养发展情况,推动学生能够达到温故之新或是推陈出新,实现知行合一。创新素养的评价无法脱离合作、探究精神等评价维度,因为素养本身彼此之间就在融会贯通。因此,结合学生初中学段的学情,采取五个维度作为创造性思维评价指标:创意萌发、设计提炼、探究精神、协作精神和生产创新;每个维度设四阶目标:新手、基础、熟练、高级,即评判学生创造性思维从觉醒、加速、进阶到能够灵活改良的四阶目标;每个维度由自评、互评、师评组成,形成多方视角、多层次、多维度的创造性思维评价量规。具体量表见第五章第三节"评价量规的具体应用"。

（四）开发原则

1. 突出区域特色

指向学生创造力培养的综合课程设计,应根据学生的多样化学习需求,结合上海制造、文化、消费、服务四个品牌建设和"设计之都"建设的发展需要,国家级高水平人才高地建设和早期人才培养的实际需要,立足区域强化基层治理、追求高效能社会治理的发展需要,鼓励开发与区域现代化新型城市发展战略相符合、有利于各种地方优质行业资源助力学生创造力发展的课程。学校在规划课程设计方案过程中,需将课程内容安排、课程实施路径规划、教学资源配置、教学策略选择与本区域内各行各业创新发展的关键建设者群体建立联系,充分发挥这一建设者群体在培养学生创造力过程中的"引路人"作用。通过实现学生创造力培养、学校课程与区域发展资源的良性互动,让学生深度体验与城市共同成长,从而不断激发学生的创新动力、培养青少年的社会责任,全面提升创新教育的内在品质。

2. 注重课程综合

指向学生创造力培养的综合课程设计坚持课程目标以培养学生综合素质为导向。课程设计应充分考虑学生在探究与想象、坚毅与审辨、合作与担当方面的发展,从传统对知识、能力的培养转向知识、能力、素养、价值观的综合发展。课程设计应突出体现学生的年龄段特点,基于学生可持续发展的要求,基于真实问题和情境需要,打破学科和行业边界,设计跨学科、超学科的实践性学习任务。

任务设计由简单走向复杂,由线性平面向立体纵深推进,形成并逐步提升对自然、社会和自我之间内在联系的综合认识。任务设计能够引导学生合理运用科学的思维方法,有效整合运用学科和跨学科相关知识和能力,创造性地认识问题、分析问题和解决问题。倡导学生在自己感兴趣的领域找到志同道合的伙伴组建研究团队,开展持续、沉浸式、深度探究,从而不断提升深度学习的意义,综合发展探究与想象、坚毅与审辨、合作与担当等创造力核心要素。

3. 强调研究真问题且真的研究问题

学校综合课程创造力项目强调学生面对真实世界研究真问题且真的研究问题。课程选择与真实世界相联系的情境,包括真实的背景、真实的流程或工具、能够产生真实的成果和影响等;为学生设置有挑战的问题,调动学生学习的自主性和积极性,赋予学生发言权和选择权,引导学生积极、深入、持续性、创造性的探索;将审辨融入活动全过程,持续地反思他们学习的内容、学习的方式以及学习的目的等;提供及时的反馈并依据学生表现规划配套的改进方案,让课程评价尤其是过程性评价成为课程设计的关键组成部分,并有明确的表现性目标;鼓励学生创新成果产出,并为学生提供成果公开展示的途径。这样的学习场景和未来工作场景本质上高度一致,充满着现实性和不确定性,学生有机会在真实任务情境中通过各种策略去反复试错、条分缕析并做出选择,自主确定研究的内容与方式,发现、分析和解决问题。

(五) 总体目标

1. 学生目标

通过学校综合课程创造力培养项目,学生能够在以下几方面得到锻炼和提升。

(1) 探究与想象。在探究方面,善于在真实情境中提出疑问,探索并形成有价值的问题;对形成的问题展开探索和调查;不迷信权威,挑战并验证可能存在的各种既有认知与假设。在想象方面,保持开放的心态接受各种可能性;形成如何操作和实施的想法,建立各种可能的想法之间的联系;善于在严密的逻辑推理之外,运用直觉探索新的可能性。

(2) 坚毅与审辨。在坚毅方面,容忍解决问题过程中出现的各种不确定性;敢于直面困难,不轻言放弃;接受并敢于做出与众不同的尝试。在审辨方面,能够通过质疑批判、分析论证、综合生成和反思评估,不断精进自己的创新想法,并吸收他人的创意;形成一套分析、发现、创造的技术;反复加工、凝练,提升创意在实施层面的可行性。

(3) 合作与担当。在合作方面,积极参与团队建设,形成共同的愿景目标;促进平等参与/对话;实现合作共赢。在担当方面,愿意主动了解创新创造对于个体、学校、家庭、社会和自然的意义与价值,关注某些特定领域的历史发展进程及其对老百姓日常生活和国家与民族发展的意义,关心人类与环境和谐相处;形成积极参与并尝试通过创新的改变自身、学校、家庭、社区和自然生活的意愿和使命。

2. 教师目标

通过学校综合课程创造力培养项目,教师能够做到:在课程设计方面,设计对学生有成长意义且有挑战性的真实任务,设定可评估的目标并制定衡量创造力进步和挑战达成的标准,遵循项目学习的活动路径,将教学过程拆解为可操作的程序性步骤。在课程实施方面,建立重视合作且安全积极的氛围,以帮助学生接纳创新中的不确定性;运用与创造力培养目标相匹配的教学策略或思维工具,成为学生创造力发展的促进者、组织者和指导者。在课程评价方面,围绕学生创造力发展作品档案袋,综合运用学生自我评价、同伴互评、教师评价;在项目结束前,设计并实施对学生有建设性作用的反馈;在项目结束后,基于学生的学习证据,对其学习进行准确的评价。

3. 学校目标

通过学校综合课程创造力培养项目,学校能够做到:把握"创造力培养项目"的基本理念和发展方向,建立以创造力培养为取向的学校教研制度,通过"个人实践反思、同伴交流合作、专业引领创新",指导和支持参与学校项目的教师有能力开发真正能够激发学生创造力的真实情境任务库和一系列驱动性问题;努力在学校管理团队与教师员工之间、资深教师与新手之间、教师与学生之间、学校与家庭和社区之间,创建并营造相互尊重、民主平等、对话协商的建设性伙伴关系,学校管理团队应充分认识到这种新型的伙伴关系是创新与创造的文化土壤;建立健全教师激励系统,将"创造力培养项目"成果纳入学校及以上各级部门组织的基础教育教学成果评选范围,鼓励跨学校、多课程形态的教学成果交流,对优秀成果予以奖励,发挥优秀成果的示范引领作用;统筹优化学校社会资源,挖掘尽可能丰富、可利用的各种社区资源,为不同学生任务小组最大可能提供真实场景、可用资源和专家支持力量。

第四节　文献综述与理论基础

一、文献综述

李俊堂和郭华在《综合课程70年:研究历程、基本主题和未来展望》论文中回顾了新中国成立70年来,综合课程研究走过了从曲折探索到译介西方理论再到逐步建成研究体系的历程,在综合课程的性质、类型及其与教学的关系等方面研究取得了丰硕成果。未来的综合课程研究将进一步挖掘课程的人文价值,围绕核心素养理念进行设计,并更多地与教育技术革新紧密结合起来,解决内容组织、师资队伍建设以及课程评价等实践问题。

李臣之和纪海吉在《新中国综合课程改革的回顾与展望》论文中也同样回顾了新中国成立70年来,我国学校综合课程改革经历的曲折调整、试点重建、区域实验、整体推进、深化发展五个阶段,各有鲜明特点,印刻着时代烙印。综合课程未来发展需要进一步平衡"分"与"合"的关系、课改要求与家长舆情之间的关系,强化校本调适与再整合,提升教师跨学科课程领导力,并建立与综合课程相适应的多元评价方式。

刘登珲在《美国综合课程改革指导框架、实施路径与借鉴》论文中阐述了美国综合课程改革注重追求教学价值、育人价值与社会价值的统一,从科内整合、科际整合、跨学科整合、超学科整合四个层面出发构建了多层次、立体化的综合课程体系,并孕育出全语文、社会科、STEM(科学、技术、工程和数学教育)、21世纪主题等多种有代表性的综合课程形态。美国综合课程改革强调从课程理念的高度把握并推动综合课程体系建设,注重综合课程的相关性、严密性和参与性,以保障课程品质,并分类建立了课程标准和指南来保障综合课程的有效实施。值此我国重启义务教育课程标准修订之际,深化综合课程内涵建设应进一步强化课程整合意识,构建全方位、立体化的综合课程育人体系,有针对性地建立综合课程标准和指南,并通过师训、教研等管道提升教师的课程整合能力。

代建军和谢利民在《综合课程的再认识:关系、形态、目的和结构》论文中指出,综合课程与分科课程的关系是相关而非对立,综合课程形态是多样而非单一,综合课程的目的不仅是结构的综合,而且是功能的整合,综合课程的结构是开放型而非封闭型。

二、理论基础

综合课程创造力项目全面贯彻中共中央国务院《关于深化教育教学改革　全面提高义务教育质量的意见》、中共中央办公厅国务院办公厅《关于进一步减轻义务教育阶段学生作业负担和校外培训负担的意见》精神和上海市委市政府对本市基础教育改革与发展的要求定位,依托区域特色综合课程着力培养学生创造力。

学校充分吸收国际上一些著名教育机构有关创造力培养的最新研究成果,包括经济合作与发展组织国际学生评估项目(Programme for International Student Assessment,PISA)中与创造力测评相关的内容、国际文凭组织的国际预科证书课程(International Baccalaureate,IB)、美国斯坦福大学评估学习与公平中心研发的创造力测评量规、美国哈佛大学的零点计划等,特别是经济合作与发展组织PISA项目2021年创造性思维测评战略咨询委员会联席主席比尔·卢卡斯(Bill Lucas)教授提出的五维创造力学习模型、北京师范大学中国教育创新研究院与美国21世纪学习联盟联合研发的21世纪核心素养5C模型(见图1-1)。

图1-1　21世纪核心素养5C模型

第五节 设计思路与实施策略

基于学校办学实际,澧溪中学形成了"溪江海"课程体系,它具体内涵源自澧溪中学校名"澧溪"。"澧"含"豆"字,寓意"在澧溪播下种子结成丰硕的成果","曲"寓意"要获得丰硕的成果,需要有丰富的学习经历","氵"寓意"要获得丰硕的成果,还需要有辛勤的汗水浇灌"。"澧溪"之"溪",是"涓涓溪流",汩汩流动汇聚成为"泱泱江河",最终汇入"滔滔大海",寓意"澧溪学子通过丰富的学习经历,立足周浦,走出浦东,放眼上海,最终能通往世界"。由此,便形成了学校"溪江海"课程(见图1-2)。

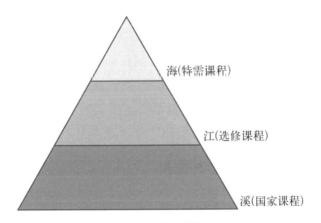

图1-2 "溪江海"课程

"溪"课程是基础型课程,即国家课程,是澧溪学子的必修课程;"江"课程充分考虑学生个性特点与兴趣特长,在"溪课程"基础上为其量身定制的选修课程;"海"课程是在"江课程"基础上为有特殊需求的学生开设的特需课程,旨在尊重个性差异,发掘智慧潜能,满足成长需求,让每一个学生成为与众不同的自己,让每一个生命礼遇美好。

一、"文创:七彩博物馆"综合课程

澧溪中学作为浦东新区"文创"项目组成员校,依托上海市特色高中香山中学,共享联盟校资源,开发符合学校实际的"七彩博物馆"综合课程。"七彩",即七种色彩,代表着对"新时代君子"七个方面的培育愿景。红色是底色,依托红色博物馆,旨在培育具有"家国情怀"的君子;"橙色"是古色,依托艺术博物馆,旨在培育具有"艺术修养"的君子;"金色"是智慧色,依托银行博物馆,旨在培养具有"智慧学识"的君子;"蓝色"是科技色,依托航海博物馆,旨在培养具有"科学素养"的君子;"绿色"是自然色,依托自然博物馆,旨在培养"健康活力"的君子;"青色"是生命色,依托医学博物馆,旨在培养"蓬勃自信"的君子;"紫色"是高贵色,依托天文博物馆,旨在培养具有"高远理想"的君子。不同于传统课程,"七彩博物馆"综合课程是借助博物馆的文化优势和藏品特点,结合学生心理特点与成长规律,通过博物馆丰富的教育资源和开放的学习空间,开展综合式、实践式、探究式、情境式、体验式的课程学习新模式。

二、"航创:未来航海家"综合课程

澧溪中学作为浦东新区"航创"项目组成员校,依托上海市特色高中上海海事大学附属北蔡高级中学,共享上海海事大学的资源,并与中国航海博物馆牵手共建。2021年上海海事大学附属北蔡高级中学的九间"航创"实验室整体迁至澧溪中学周阳校区,至此澧溪中学建设了具有学校特色的"澧溪号"航船,并开发了符合学校实际的"未来航海家"课程。分年级、分目标开设"溪江海"课程,六年级联动博物馆课程开设以兴趣为导向的实践+体验课程;七年级利用学校"航创"实验室开设学科项目化学习;八年级在区级综合课程创造力项目牵头下推进校本跨学科项目。课程总共开发了四个模块:"少年航海梦""铺筑丝绸路""海洋竞逐舟""描绘新蓝图"。

三、"融创:未来创业家"综合课程

澧溪中学作为浦东新区"融创"项目组成员校,依托上海市特色高中华东师范大学附属东昌中学,共享上海市财经素养联盟校资源,开发符合学校实际的旨在培养学生创造力为导向的"未来创业家"课程,以"溪江海"课程分成五个模块:"金融梦想家"(激发兴趣+专业知识学习)、"理财小当家"(模拟沙盘演练)、"财富大管家"(博物馆+银行参访)、"澧溪企业家"(未来创业家课程、澧溪金融大厅各类展馆创业、沉浸式剧场创业)、"少年银行家"(财经嘉年华)。

第二章

“文创：七彩博物馆”综合课程

第一节 “文创”课程的设计

一、课程背景

“七彩博物馆”综合课程(见表 2-1)是基于学校“新时代君子”的育人目标应时应需而生,它是指根据七种颜色形成了七类不同领域的“博物馆＋研学”课程。红色代表“爱国”,橙色代表“文艺”,黄色代表“金融”,绿色代表“自然”,青色代表“生命”,蓝色代表“海洋”,紫色代表“天文”。课程主要依托市教委《基于区域特色的学校综合课程创造力培养研究和实践》项目开设,不同于传统学校课程,它是借助博物馆的文化优势和藏品特点,结合学生心理特点与成长规律,通过博物馆丰富的教育资源和开放的学习空间,开展综合式、实践式、探究式、情境式、体验式的学习新模式。

二、课程定位

“七彩博物馆”综合课程与学校学科课程相互联系、相互渗透、相互促进。它重视学生学习过程、学习经验,这与学校课程理念一脉相承,特别是在“双新”“双减”背景下,重视综合实践活动,强调实践能力和创新精神培养的背景下,博物馆课程可以发挥很好的作用,它能切实帮助促进学生知识、能力、情感、价值观等方面发展。它是一门多领域课程,具有综合性,以“主题领域”为主传播主题知识;它是一门互动性课程,强调过程性,在“开放”中陶冶审美情趣;它是一门探究型课程,注重实践性,在“探索”中培养学生的实践与创新能力。

“七彩博物馆”综合课程是上海市澧溪中学综合课程三大维度之一。它是基于真实情境开发的系列课程,具有认知性、体验性、操作性、创造性于一体的课程性质,贯穿于六、七、八年级。

表 2-1 "七彩博物馆"综合课程

七彩博物馆+课程			
1	红色：爱国	地 址	阅读书目
一期	张闻天故居	川南奉公路 4398 号	《红岩》 《红星照耀中国》 《保卫延安》 《林海雪原》
一期	上海市龙华烈士纪念馆	龙华西路 180 号	
二期	中共一大会址纪念馆	黄陂南路 374 号	
二期	上海四行仓库抗战纪念馆	光复路 21 号	
2	橙色：文艺	地 址	阅读书目
一期	新场历史文化陈列馆	新场镇海泉街 128 号	《现实世界的光与影》 《艺术哲学》 《艺术的故事》 《美学与艺术》
一期	吴昌硕纪念馆	陆家嘴东路 15 号	
二期	浦东美术馆	滨江大道 2777 号	
二期	上海历史博物馆	南京西路 325 号	
3	黄色：金融	地 址	阅读书目
一期	中国工商银行博物馆	即墨路 88 号	《小狗钱钱》 《富爸爸穷爸爸》 《牛奶可乐经济学》 《给孩子的财商教育课》
一期	金融博物馆	复兴中路 301 号	
二期	中国证券博物馆	黄浦路 15 号	
二期	中国会计博物馆	文翔路 2800 号	
4	绿色：自然	地 址	阅读书目
一期	上海自然博物馆	北京西路 510 号	《昆虫记》 《植物之书》 《寂静的春天》 《大自然的日历》
一期	上海气象科普馆	锦绣路 951 号	
二期	东方地质科普馆	江镇路 100 号	
二期	上海科技馆	世纪大道 2000 号	
5	青色：生命	地 址	阅读书目
一期	现代医学教育博物馆	天雄路 258 号	《细胞生命的礼赞》 《人类简史》 《自私的基因》 《生命是什么》
二期	上海自然博物馆	延安东路 260 号	
二期	上海医史博物馆	零陵路 530 号	
6	蓝色：海洋	地 址	阅读书目
一期	上海中国航海博物馆	临港新城申港大道 197 号	《认识海洋》 《海底两万里》 《伟大的海洋》 《有趣的海洋学》
二期	董浩云航运博物馆	华山路 1954 号	
二期	上海海洋大学博物馆	军工路 334 号	
二期	上海海洋水族馆	陆家嘴环路 1388 号	

7	紫色:天文	地　　址	阅读书目
一期	上海天文馆	临港大道 380 号	《诺顿星图手册》
二期	上海天文博物馆	外青松公路 9258 号	《重返天文咖啡馆》 《夜观星空》
	上海航天科技展示馆	漕溪路 222 号	《天文学入门》

内容含七个模块,模块一:红色研学,模块二:文艺研学,模块三:理财研学,模块四:生态研学,模块五:生命研学,模块六:海洋研学,模块七:天文研学。

课程分为三大学习层次:第一层次(溪课程)定位于通识课程内容,面向全体学生开放;第二层次(江课程)定位于探究课程内容,面向社团学生开放;第三层次(海课程)定位于实践课程内容,面向特需学生开放。

三、课程价值

作为学校教育延伸和补充,"七彩博物馆"综合课程面向三个校区六、七、八年级学生,打通校区与年级的界限,架构不同领域与学科之间的关联,着力推动学生从课本走向生活,从学校走向社会,以真实的生活问题为切入口,给学生提供体验式学习、项目化学习、游戏化学习、混合式学习等多元学习体验,让学习和解决问题变得有趣起来,在这一过程中激发培养学生的创造力。

四、理论基础

美国博物馆学校联盟(National Association of Museum Schools, NAMS)依托博物馆丰富的情境及实物资源,以"21 世纪技能"为主要依据在各学科课程标准中遴选出部分标准要求,将之整合后作为该课程的培养目标,并按照学科整合、大概念及学习进阶等课程设计理念设置主题内容。"七彩博物馆"综合课程的设计也充分借鉴此理论模型,如图 2-1 所示。

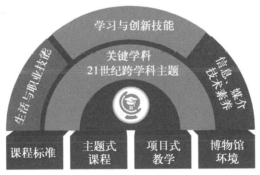

图 2-1　NAMS 课程设计理念模型

五、课程纲要

"七彩博物馆"综合课程纲要见表 2-2。

表 2-2 "七彩博物馆"综合课程纲要

课程名称	七彩博物馆			课程类型	综合课程	
适用年级	六、七、八年级	总课时	82	课程对象	溪课程：全体学生 江课程：社团学生 海课程：特需学生	
课程目标	1. 学生通过中共一大会址等场馆资源，通过实地考察、小组合作、项目化学习等方式，培养爱国意识和家国情怀，提升问题探究、小组合作、演说表达等能力。 2. 学生通过浦东美术馆等场馆主题项目学习，体验艺术与科技的融合，培养观察、发现、交流的能力，领略国内外优秀艺术作品，提升艺术欣赏与创造能力。 3. 学生通过中国工商银行博物馆等场馆的实地考察和项目学习，知晓理财知识，形成健全的金钱观，培养合理使用、管理钱财的能力，拥有较好的社会责任意识。 4. 学生通过上海自然博物馆等场馆资源，关注自然与生活、文化与传承、创新与未来，加强对水文环境、植物类群、城市规划等方面的认识，提升生态领域的创新素养。 5. 学生通过现代医学教育博物馆等场馆资源，开展综合式、实践式、探究式、体验式的学习，综合运用学科知识，认识新冠病毒，感受抗疫温度，在生命领域发展创造性思维。 6. 学生通过上海中国航海博物馆等场馆资源，领略蓝色海洋的浩瀚与深邃，结合主题式、项目化学习开展海洋主题探究活动，提升海洋领域的创新素养和探究能力。 7. 学生通过上海天文馆等场馆科普资源，了解古往今来人类对宇宙世界的探索，培养对于未知世界的好奇心及科学精神，增强团队合作意识和探究能力，提升天文素养。					
课程实施	模块主题（课时）	单元主题（课时）	学习内容		活动实施	
	模块一：红色研学（12）	第一单元 经典歌曲与画作欣赏（6）	1. 红色经典歌曲 2. 红色经典画作		1. 参观中共一大会址、张闻天故居等场馆，并认真做好记录。 2. 能有感情地演唱红色歌曲，多角度欣赏红色画作和红色电影。 3. 欣赏过程中，学生表达自己的感观与想法，提升倾听与客观评价的能力。	
		第二单元 经典电影与读本欣赏（6）	1. 红色经典电影 2. 红色经典读本		1. 选择观看红色经典电影并畅谈体会。 2. 在老师教授剧本撰写方法基础上，完成红色课本剧修改和展演，感受其中蕴含的爱国情怀，加强艺术修养。 3. 学生选择红色经典读本，并说明选择理由，汇编成篇目表。	
	模块二：文艺研学（12）	第三单元 光与影的觥筹交错（6）	1. 光的概念 2. 光的传播方式 3. 获得理想光源的途径与方法		1. 阅读了解光与影的有关材料，激发学习兴趣，产生设计灵感。 2. 经历光源获得的实验过程，知道光的传播规律，知道不同光源的特性。 3. 在实验过程中，正确连接简单的电路。 4. 通过小组合作探究物体影子的特性，归纳出研究结论，了解研究问题的一般方法。	

续 表

	模块主题 （课时）	单元主题 （课时）	学 习 内 容	活 动 实 施
课程实施	模块二： 文艺研学（12）	第四单元 光与影的艺术结晶（6）	1. 光影纸雕灯文化与欣赏价值 2. 光影纸雕灯的制作工艺	1. 在收集资料的基础上，学生介绍纸雕灯的起源与制作方法。 2. 完成纸雕灯的制作，并在小组交流的基础上进行评比展出。
	模块三： 理财研学（8）	第五单元 理财之开源：为有源头活水来（4）	1. 生活中的财源 2. 钱生钱的诀窍 3. 财富源于奋斗 4. 智慧致富之道	1. 参观中国工商银行博物馆，并认真做好记录。 2. 观看奋斗致富、智慧致富的视频，畅谈自己的感受。 3. 辩论：家务劳动从家长手中获得报酬应该提倡吗？ 4. 采访父母或朋友收入状况，为改善收入提出合理金点子。
		第六单元 理财之节流：成由勤俭败由奢（4）	1. 节约是中华美德 2. 节约是生活常态 3. 节约从点滴做起 4. 节约是学生本色	1. 列举从奢侈生活走向犯罪案例，说明培养节约美德的重要性。 2. 讨论：为什么勤俭是中华美德？ 3. 围绕啃老族和月光族的问题写一篇反映你的观点的小文章。 4. 小组交流节约的习惯与做法。
	模块四： 生态研学（16）	第七单元 水文环境（8）	1. 城市生态系统的组成和特点 2. 水环境及其保护 3. 人类活动对于城市生态水质的影响 4. 水环境治理与保护	1. 参观上海自然博物馆、城市规划馆，并认真做好记录。 2. 小组合作，利用数据与资料绘制人类活动对于城市生态水质的影响表与示意图。 3. 调查亲戚与周围邻居购买净水器的情况，说明水质对人健康的影响。 4. 在老师组织下，到学校附近河中提取水样本，并做水质测试。 5. 收集资料，说明水环境达到有效治理的证据。
		第八单元 绿色植物（4）	1. 植物的主要类群及基本特征 2. 常见植物 3. 植物与环境的相适应性 4. 植物对环境变化的指示性	1. 小组合作，利用现有材料制作植物图鉴、生态海报。 2. 小组讨论，归纳不同类群植物生长环境特点，并作汇报交流。 3. 在藻类、苔藓、蕨类、种子四种植物中选取某一类，讨论归纳其基本特征并做好记录。 4. 学生将家里种植的植物及拍摄植物特写照片，进行展览评比。
		第九单元 古镇蓝图（4）	1. 古镇街道与古建筑 2. 古镇生态结构	1. 绘制古镇街道分布草图。 2. 拍摄或绘制古建筑图像。 3. 调查古镇主要的植被类群并说明其特征。 4. 从生活的问题及需求落实对古镇的环境进行创意设计并制作街道蓝图。

	模块主题 （课时）	单元主题 （课时）	学 习 内 容	活 动 实 施
课程 实施	模块五： 生命研学(10)	第十单元 新冠风云起 (6)	1. 历史上的瘟疫 2. 什么是新冠 3. 新冠的起源 4. 新冠的传播	1. 参观现代医学教育博物馆，并认真做好记录。 2. 观看历史上瘟疫暴发的视频，感受瘟疫对人类的危害性。 3. 分析疫情实时数据报告，提升数据解读能力。 4. 列举新冠病毒的案例，理解传染病的概念。 5. 观察肺部图像，描绘肺部结构功能特点。 6. 以小组为单位设计肺部模型，培养创新及探究能力。
		第十一单元 温度见真情 (4)	1. 新冠的防疫措施 2. 防疫中的人间温情 3. 防疫英雄	1. 结合具体情境，讨论：你认为有哪些可行的措施进行防疫？ 2. 说说身边携手守护、爱心相助的感人故事。 3. 写一篇以某一防疫英雄为对象的记叙文。
	模块六： 海洋研学(12)	第十二单元 浩瀚的蓝色 海洋(6)	1. 世界的主要大洋概况 2. 海洋的空间资源 3. 海洋的生物资源 4. 海洋的矿产资源	1. 参观上海中国航海博物馆等场馆，认真做好记录。 2. 观看反映世界主要大洋的纪录片，领略蓝色海洋的浩瀚深邃。 3. 在地图上寻找海洋石油资源的主要分布地区，并结合世界上能源大战的实例，说明海洋石油资源的战略价值。 4. 列举生活实例，指出身边有哪些食物来自海洋。 5. 在老师的带领下，到海边观察海浪、洋流与潮汐现象。
		第十三单元 海上探险与 考察(6)	1. 历史上的主要海上探险的人物与事件 2. 航海与地理大发现 3. 海洋考察	1. 以小组为单位，收集历史上海上探险的人物与事件的资料，并由小组派代表进行介绍。 2. 利用地图说明历史上几次地理大发现的航线与被发现的国家。 3. 观看我国考察船进行南极、北极科考的视频，撰写观后感。
	模块七： 天文研学(12)	第十四单元 宇宙探索征 途漫记(6)	1. 人类在地球上的观星历程 2. 宇宙星空的智慧图像 3. 观星工具的创新 4. 宇宙演变现象假说	1. 比较"盖天说""浑天说"差别。 2. 小组讨论：从"地心说"发展到"日心说"，说明了什么？ 3. 如果让你制作一台"浑天仪"，有怎样的创意方案并说明理由。 4. 在小组合作基础上，派代表汇报对宇宙演变现象假说(爆炸说)的理解。 5. 收集人类探索宇宙新进展的资料与图像，观看反映我国航天事业发展新成就的视频。

续 表

	模块主题 （课时）	单元主题 （课时）	学 习 内 容	活 动 实 施
课程 实施	模块七： 天文研学（12）	第十五单元 星转斗移观 天穹（6）	1. 宇宙的边界 2. 星空、天球与星图 3. 太阳系及八大行 星 4. 地月系及月亮	1. 讨论：宇宙是无边无际、无始无终 的吗？ 2. 运用四季星空图观测上海地区所 能看到的星座、恒星、行星等天体。 3. 列举生活案例，说明太阳、月亮对 人类生活生产的重要性。 4. 在农历不同日期的夜晚，观测月 球盈亏圆缺的不同月相。

学习
评价
	一、小组学习评价
	（一）过程评价
	根据小组活动开展情况，确定有没有形成合作学习的习惯以及讨论与探究问题是否踊跃。
	（二）结果评价
	    1. 演讲内容（满分 10 分）
	      （角色职责清晰、内容明确具体、深入实践）
	      A 非常好 9—10 分
	      B 比较好 6—8 分
	      C 一般 3—5 分
	    2. 演讲表现（满分 10 分）
	      （语言流畅、神情自信、举止礼貌大方）
	      A 非常好 9—10 分
	      B 比较好 6—8 分
	      C 一般 3—5 分
	    3. 作品展示（满分 10 分）
	      （作品设计独特、内容符合科学、外表具有美感）
	      A 非常好 9—10 分
	      B 比较好 6—8 分
	      C 一般 3—5 分
	二、个人学习评价
	（一）过程评价
	根据活动单完成情况，确定有没有养成相关的学习习惯以及学习过程是否扎实。
	（二）结果评价
	    1. 作品展示（满分 10 分）
	      （作品设计独特、内容符合科学、外表具有美感）
	      A 非常好 9—10 分
	      B 比较好 6—8 分
	      C 一般 3—5 分
	    2. 小论文撰写
	      （观点阐述正确、论点论据吻合、文字流畅）
	      A 非常好 9—10 分
	      B 比较好 6—8 分
	      C 一般 3—5 分
	    3. 答辩表现
	      （仪表、精神面貌、三观端正、口语表达、项目介绍逻辑性、应变能力）
	      A 非常好 9—10 分
	      B 比较好 6—8 分
	      C 一般 3—5 分			

六、课程实施说明

课程的课时安排与内容可以根据实际情况(形式的变化、学生的需求以及知识的更新)作出调整。

综合课程的特点主要应体现在学生的自主活动上,因此对于一些相关领域知识的概念原理也要尽可能在老师的引导下由他们自行收集资料、自行学习消化,然后由他们作交流汇报,避免老师讲得过多的倾向。

充分利用博物馆等场馆资源,引导学生走出校园走进相关的场所,从中进行体验与探究。

第二节 "文创"课程选例

一、经典歌曲与画作欣赏

学习内容:有感情地演唱红色歌曲,多角度地欣赏红色画作和红色电影;欣赏过程中,学生表达自己的感观与想法,提升倾听与客观评价的能力。

设计意图:提升对身边事物的观察能力;培养从生活中发现问题,形成研究主题的思考能力;在作品欣赏过程中,锻炼表达、倾听与客观评价的能力。

学习目标:强化合作学习的能力,增强个人和小组责任意识,通过小组任务,学习合作开展研究;在红色作品欣赏感悟、故居研学中培养学生的爱国意识和家国情怀。

(一) 红色经典歌曲我传唱

1. 激发兴趣

播放新中国成立70周年阅兵式的片段。请大家边观看边回想:我们新中国的成立经历了哪些困难?

从千年局变到中国新生,我们的国家经历了许多困难。正因为革命先烈们的英勇就义,才让我们拥有了如今的美好生活。让我们一同走进"红色研学"课程,丈量革命先烈们曾走过的道路。

2. 形成方案

我们为什么要参加"红色研学"课程? 可以通过哪些方式进行红色研学? 将个人思考在组内讨论并记录下来(见表2-3),从而初步完成探究方案。

表 2-3 "红色研学"课程讨论

个 人 思 考	小 组 讨 论	可行性分析

3. 自主探究

（1）分组。本次探究以小组为单位。自由分组，选定一名组长，并在组内商讨后确立小队名称和口号（见表 2-4）。

表 2-4 "红色研学"课程探究小组

小组名称	
组　　长	
成　　员	
口　　号	

（2）红歌歌单收集。选定一名记录员，每位小组成员写下自己的红歌歌单，再由小组记录员汇总（见图 2-2）。

我的红歌歌单

① _____

② _____

③ _____

......

图 2-2　红歌歌单

知识小链接：红歌就是赞扬和歌颂革命和祖国的歌曲，它们普遍具有浓郁的感情基调，有较强的节奏感。红歌是革命实践的真实写照，它能唤起人们的红色记忆。

（3）红歌展演。各组利用课余时间选择表演曲目并根据评分标准进行合理的分工和排练。红歌展演参演表（见表 2-5）记录了小组曲目及个人任务，并附有评分标准。

表 2-5　红歌展演参演表

我们小组选择的曲目	
我的任务	
评分标准： ① 展演曲目紧扣主题。 ② 参赛队员精神饱满、富有朝气；队形排列合理；动作到位、大方、整齐、有序。 ③ 音准、节奏正确，吐字清楚，音质优美，富有变化，声音统一。 ④ 感情投入、表情自然、动作得体。 ⑤ 有多种演唱形式（如诗朗诵、领唱、齐唱、轮唱、声部唱等）。 ⑥ 演出服装相对整齐、统一，音响伴奏清楚。	

（4）评价。每位组员填写好其他小组的评分表（见表 2-6），并交由组长算出平均分，各组的最终成绩为其他小组评分的平均分。

表 2-6　"红色歌曲我传唱"评分表

评 分 标 准		得分	总分
歌曲内容（10 分）	参赛曲目紧扣主题。（10 分）		
精神面貌（10 分）	参赛队员精神饱满、富有朝气；队形排列合理；动作到位、大方、整齐、有序。（10 分）		
艺术特色、表现 （70 分）	准确（15 分）：音准、节奏正确。		
	音质（15 分）：吐字清楚，发音准确；音质优美，富有变化；声音统一、整体和谐。		
	表现力（15 分）：感情投入、表情自然、动作得体。		
	整体效果（15 分）：具有韵律感、风格感，艺术总体的完整性及感染力强。		
	特色（10 分）：有多种演唱形式（如诗朗诵、领唱、齐唱、轮唱、声部唱等）。		
服装、伴奏（10 分）	演出服装相对整齐、统一，音响伴奏清楚。（10 分）		

4．科学解释

红歌，每一次唱响，都是对过去那段历史的回顾，更让我们愈加明确未来的方向。红色博物馆中的红歌展区是不容错过的。

《义勇军进行曲》是中华人民共和国国歌，由田汉作词、聂耳谱曲，诞生于 20 世纪 30 年代中华民族生死存亡的危急关头，是近代中华民族反抗帝国主义侵略，争取民族独立解放的战斗号角。

国歌展示馆，坐落在上海市杨浦区荆州路 151 号的国歌纪念广场西南侧，总面积 1500 平方米，由序厅、国歌诞生厅、国歌纪念厅、国歌震撼厅、我和国歌厅等 6 个部分组成。

国歌纪念广场，占地 2.7 万平方米，以唱片的造型设计成大型的开放式圆形广场，寓意《义勇军进行曲》从上海唱响全中国。广场中还设置了一座主题雕塑：一面经过战争和历史洗礼的五星红旗及一把军号。2020 年 11 月 21 日，入选第三批全国法治宣传教育基地名单。

5．拓展活动

向人家推荐一首你最喜欢的红歌，并说说理由。

我最喜欢_____，因为_____

_____

6．激励评价

	等　第	简　要　评　语
全程参与程度		
作品优良程度		
观点创新程度		

(二) 红色经典画作我欣赏

1．激发兴趣

回顾历史，在中国共产党领导的新民主主义革命、抗日战争、解放战争、社会主义革命与建设等各个历史阶段，美术都以特有的方式反映时代的变迁，让我们一起追寻画作背后的"红色记忆"。

播放开国大典视频，展示《开国大典》画作，感受全国人民的自豪、喜悦之情。

2．形成方案

以《开国大典》这幅经典画作为例，我们在鉴赏时可以从哪些角度入手？通过个人思考与小组讨论相结合，形成探究方案(见图 2 - 3)。

① 如：作者

② _____

③ _____

④ _____

……

图 2-3 《开国大典》画作探究方案

3. 自主探究

（1）自选 3 个角度对《开国大典》进行鉴赏，完成表 2-7。

表 2-7 "红色画作我欣赏"鉴赏

所 选 角 度	鉴 赏 成 果

（2）交流分享。在组内分享自己的鉴赏成果。

（3）展示推介。以小组为单位收集红色画作并制作 PPT。以小组为单位，结合所做 PPT，上台展示红色画作，并评论及发表感想。

（4）评价。

每位组员填写好其他小组的评分表（见表 2-8），并交由组长算出平均分，各组的最终成绩为其他小组评分的平均分。

表 2-8 "红色画作我欣赏"评分表

评 分 标 准		得分	总分
内容（10 分）	展示内容紧扣画作，不偏题跑题。（10 分）		
精神面貌（20 分）	精神饱满、富有朝气，演讲时肢体语言和表情自然，声音响亮，吐字清晰。（20 分）		
表现与特色（60 分）	鉴赏角度：从多个角度鉴赏，所选角度合理。（20 分）		
	鉴赏成果：具体、到位、易懂。（30 分）		
	特色：有其他亮点，如运用了视频画面，有独到的见解等。（10 分）		
PPT 制作（10 分）	PPT 制作较为精良、美观。（10 分）		

4. 科学解释

中国共产党历史展览馆，全景式展现了中国共产党百年伟大奋斗精神风貌，反映了中国共产党人筚路蓝缕、顽强奋斗伟大历程，被称为展示中国共产党百年奋斗历程的恢宏精神殿堂。由于受当时社会条件等所限，党的历史上一些早期重要历史活动、事件都没有照片或影像资料留存，这虽是遗憾，却也为文艺作品创新提供了空间。例如，油画《启航》反映了中共一大最后一天，代表们在嘉兴南湖从小船到大船登船与会的瞬间。何红舟、黄发祥两位画家采用写实主义手法，通过反复查证史料，确认会议召开期间是阴天，遂确定以灰蓝色的乌云为作品主色调；画面乌云压住船顶，但又有一缕曙光从满天乌云中射出，作品两侧着亮光和暖色，预示着中国革命的曙光。通过色彩、构图、笔触等绘画要素既给人以美的感受，表达人们的憧憬与期盼，又直观、鲜明地传达了真实的历史讯息，令人信服。

5. 拓展活动

我们生长在新社会，要加倍珍惜革命先烈们用鲜血和生命换来的生活，努力传承爱国主义精神和敢于担当的责任意识。请挑选一幅红色画作，为它配上最美"三行诗"（见图2-4）。

我挑选的红色画作是《＿＿＿＿》。

我认为，这三行诗与之相配：

＿＿＿＿＿＿＿＿＿＿

＿＿＿＿＿＿＿＿＿＿

＿＿＿＿＿＿＿＿＿＿

图2-4 挑选画作与配诗

6. 激励评价

	等　第	简 要 评 语
全程参与程度		
作品优良程度		
观点创新程度		

二、光与影的觥筹交错

学习内容：小组讨论可以充分调动学生学习的主动性和积极性，不同的见解、不同的思路在讨论中碰撞、反馈，可以激发学生的想象力，促进学生思维的有序发展，提高思维活动的有效性。活动方案的制定可以帮助团队明确目标、要求和前进的方向，以确保后续学习活动可以有序进行，方案一般由团队讨论共同制定，在实践过程中允许不断修正和完善方案。光是什么？它是怎么传播的？如何获得理想的光源？影子是如何形成的？如何获得大小、形态合适的影子？基于以上问题，团队成员分工合作收集资料，设计切实可行的方案进行探究，不断细化研究过程，及时评价反馈，在团队伙伴的帮助和教师的指导下对光和影的原理和表现形式进行梳理和分析。

设计意图：以驱动性问题引领，让学生体验在真实情境下的团队建设和头脑风暴，讨论交流形成方案。锤炼学生创新思维、设计能力和跨学科知识应用能力。经历阅读、探究、实验、评价等一系列学习活动，培养学生在项目过程中科学探究、搜集证据、解决问题的能力，逐步形成项目研究的一般方法。

学习目标：熟悉活动方案制定的一般过程；能整合所学的科学和艺术知识，设计有一定创意的以科技展现艺术的节目方案；在团队合作形成方案的过程中感悟团队合作的重要性；经历光源获得的过程，知道光的传播规律，知道不同光源的特性；通过探究物体影子的特性，能归纳得出研究结论，了解研究问题的一般方法。

1. 激发兴趣

浦东美术馆面对外滩历史建筑群，以举办传统和现代艺术作品展览为主。以其艺术作品中的"光"梳理艺术史，而"光"的运用也是浦东美术馆建筑的特色之一。

通过美术馆主题学习，体验艺术与科技的融合，你一定观察到许多内容，请你记录在表 2 - 9、表 2 - 10 中。

第一，经历美术馆参观的过程中，你发现了哪些科技元素？其中包含了什么科学知识？

表 2 - 9　美术馆主题学习科技元素观察

科 技 元 素	科 学 知 识

第二,经历美术馆参观的过程中,你发现了哪些艺术元素? 其中包含了什么艺术知识?

表 2-10 美术馆主题学习艺术元素观察

艺 术 元 素	艺 术 知 识

2. 形成方案

针对感兴趣的问题,参考下面的案例,设计一个探究方案(见表 2-11)。

探究目标：设计光与影的艺术的作品。

创意物化：先收集需要的用到的材料、工具,画出示意图,制作作品模型。

主要步骤：① 探究光源的特性;② 探究影子的特征。

采取方法：列出完成项目所需的已学过的和下一步要学习的科技、艺术知识。

实践空间：属于创新实验室;拥有互联网＋设备、虚拟交流平台。

展示交流：展示光与影的方案设想,表达预期成果与下一步开展需要的帮助。

表 2-11 探 究 方 案

方 案 要 素	主 要 内 容
探究目标	
创意物化	
主要步骤	
采取方法	
实践空间	
展示交流	

3. 自主探究

第一,可持续探究问题 1：如何获得合适的光源?

1. 搜集和研究各种光源的特性（点光源、平行光、激光、LED）。

2. 如何产生平行光？

　　原理：　　　　　　　　　　　　　　示意图：

3. 如何连接简单的电路？

　　电路图：

4. 如何调节灯光的亮暗？

　　原理：　　　　　　　　　　　　　　电路图：

5. 如何产生不同颜色的光？

6. 选择材料，完成光源的制作。

　　所需材料：

　　作品照片：

第二,可持续探究问题 2：研究物体影子的特性。

1. 研究影子的大小。

步骤：
① 找一个合适的光源(如打开手机闪光灯)和一个合适的物体(如长方形硬纸片),在墙上获得一个影子。

② 固定光源,移动物体,你发现了什么?

③ 固定物体,移动光源,你发现了什么?

④ 如何测量出物体和影子的大小?

⑤ 测量出光源到物体的距离和光源到影子的距离,记录在表格中。

物体宽度(厘米)	影子宽度(厘米)	光源到物体距离(厘米)	光源到影子的距离(厘米)

⑥ 影子宽度取决于什么?
影子宽度＝ _____

2. 如何获得明暗不同的影子?

3. 如何呈现具有艺术感的影?

照片(可附页)：

4. 科学解释

1）几何光学

以光的直线传播为基础,研究光在介质中的传播及物体成像规律的学科,称为几何光学。在几何光学中,以一条有箭头的几何线代表光的传播方向,叫作光线。

几何光学中光的传播规律有三个:

（1）光在同种均匀介质中沿直线传播。小孔成像、日食和月食还有影子的形成都证明了这一事实。

（2）光的反射和折射定律。

（3）光的独立传播规律。两束光在传播过程中相遇时互不干扰,仍按各自途径继续传播,当两束光会聚同一点时,在该点上的光能量是简单相加的。

正在发光的物体叫光源,正在这个条件必须具备,光源可以是天然的或人造的。物理学上指能发出一定波长范围的电磁波（包括可见光与紫外线、红外线、X 射线等不可见光）的物体。

光速:通常指电磁波（包括光波）在真空中传播的速率,常用 c 表示。实验测得各种波长的电磁波在真空中的速度是一常数,其值为 $c = 2.997\ 924\ 58 \times 10^8$ 米/秒。

2）影子形成

影子是由于物体遮住了光线这一科学原理,光线在同种均匀介质中沿直线传播,不能穿过不透明物体而形成的较暗区域,形成的投影就是我们常说的影子。

5. 拓展活动

光学是物理学中最古老的一个基础学科,又是当前科学研究中最活跃的学科之一。随着人类对自然的认识不断深入,光学的发展大致经历了萌芽时期、几何光学时期、波动光学时期、量子光学时期、现代光学时期等 5 个时期。在不同的时期涌现出了许多著名科学家,如牛顿、惠更斯等,请你查阅资料,搜集不同时期科学家研究光学的科学史,填写表 2-12。

表 2-12　研究光学的科学家

光学发展时期	科　学　家	主　要　贡　献

6. 激励评价

课 程 评 价	
我觉得本次课程学习	a. 生动有趣　　b. 中规中矩　　c. 枯燥无味
我觉得本次课程内容	a. 非常有用　　b. 比较一般　　c. 无关紧要
我觉得本次课程的难度	a. 太高，智商有点不够用　　b. 偏高，但还可以接受 c. 中等，比较适合我　　d. 太低，完全没有挑战性
我对本次课程的评分	☆　☆　☆　☆　☆

自 我 评 价	
关于课堂纪律	a. 我能很好地遵守，并能引导同伴遵守 b. 我能很好地遵守，但未能引导同伴遵守 c. 我觉得课堂纪律无足轻重，不需要遵守
我的学习状态	a. 整个过程都充满能量和活力 b. 像往常一样平静，按部就班 c. 整个过程都觉得很累，难以坚持
关于小组分工	a. 分工合理明确，我能充分发挥自己的长处 b. 分工虽然不符合我的特点，但我会努力做好自己的部分 c. 分工非常不合理，我很反感，之后的课程肯定做不好
关于课堂讨论	a. 我经常主动发言，并总能得到大家的认可 b. 我偶尔说上几句，基本上是对他人的补充 c. 我总是一言不发，他们说什么就是什么
我在课堂学习中的作用体现在	a. 领导力　b. 执行力　c. 决断力　d. 创造力
我对自己本次课程的表现评分	☆　☆　☆　☆　☆

三、理财之开源：为有源头活水来

学习内容：了解生活中的财源；学习并了解几种理财方法，如股票、债券、基金等；明白劳动才能获得收益；懂得基本金融理财知识。

设计意图：培养学生正确金钱观念，树立正确人生观、价值观、世界观；引导学生通过调研报告的形式，意识到父母工作不易，更加珍惜现在的幸福生活；激励学生通过学习金融财富知识，了解自身财富情况并学会合理理财，实现财富增值。

学习目标：本单元意图让学生针对自身收支情况进行财富管理，了解基本金融财富知识，培养正确财富观，理解父母不易，珍惜美好生活。

1. 激发兴趣

参观中国工商银行博物馆,并认真做好记录;观看奋斗致富、智慧致富的视频,畅谈自己的感受。

社会中有许多的职业,你知道哪些? 你知道除了这些还有哪些获得收入的方式吗? 你知道我们的国家是如何获得收入,又如何支配这些收入的吗?

作为一名初中生,你已经具备一定的财富意识,你是如何获得零花钱的,还有什么方法可以更快更好增加零花钱的数量呢? 请大家思考。

打算研究的是: _____

打算比较的是: _____

打算通过数据对比来解释的对象是: _____

2. 形成方案

针对感兴趣的问题,参考下面的案例,设计一个探究方案(见表2-13)。

探究目标:如何增加零花钱等收入。

创意物化:完成解读"财富增值"的考察报告。

主要步骤:① 探究"财富"定义,了解零花钱的获得方法;② 对各种获得零花钱的方法进行分析比较;③ 从可行性、合理性各方面进行论证,选出最适合自己的"财富增值"办法。

采取方法:文献检索法、数据分析法、采访调查法。

实践空间:通过线下走访调查,和同龄人、长辈探讨等方式获取信息;拥有互联网＋设备。

展示交流:展示"财富增值"考察分析报告,解说其意义;线下线上交流评价。

表 2 - 13 探 究 方 案

方 案 要 素	主 要 内 容
探究目标	
创意物化	
主要步骤	
采取方法	
实践空间	
展示交流	

3. 自主探究

1)观看央视《致富经》节目

(1)涉农经济发展过程中涌现出的致富经验和创新做法有哪些?

_____

(2)不同的人在不同情况下致富有哪些共同点?

_____

(3)哪位人物给你的印象最深?为什么?

_____

(4)上述所讲的知识内容来源主要有:

_____

2)辩论

(1)你在家做家务会向父母要钱吗?

(2)家务劳动从家长手中获得报酬应该提倡吗?

(3)你觉得作为一个未成年人还有哪些合法合理收入来源和途径?

3)采访

采访父母或朋友收入状况,为改善收入提出合理金点子。注意收入问题比较敏感,在采访时需要较为含蓄,应该注重保护每一个人的隐私。

采访过程:_____

_____

注意事项:_____

合理点子:_____

_____

或者设想自己以后会从事的职业,想想看十年后的自己在有份工作收入后,会如何改善自己的收入状况,进行简要记录。

4. 科学解释

1)赚钱——收入

(1)一生的收入包含运用个人资源所产生的工作收入,及运用金钱资源所产生的理财收入;工作收入是以人赚钱,理财收入是以钱赚钱。

(2)理财收入:利息收入、房租收入、股利、资本利得等。

2)用钱——支出

一生的支出包括个人及家庭由出生至终老的生活支出,及因投资与信贷运用所产生的理财支出。有人就有支出,有家就有负担,赚钱的主要目的是要支应个人及家庭的开销。

（1）生活支出：衣、食、住、行、娱乐、医疗等家庭开销。

（2）理财支出：贷款利息支出、保障型保险保费支出、投资手续费用支出等。

3）存钱——资产

当期的收入超过支出时会有储蓄产生，而每期累积下来的储蓄就是资产，也就是可以帮你钱滚钱，产生投资收益的本金。年老时当人的资源无法继续工作产生收入时，就要靠钱的资源产生理财收入或变现资产来支应晚年所需。

（1）紧急预备金：保有一笔现金以备失业或不时之需。

（2）投资：可用来滋生理财收入的投资工具组合。

（3）置产：购置自用房屋、自用车等提供使用价值的资产。

4）借钱——负债

当现金收入无法支应现金支出时就要借钱。借钱的原因可能是暂时性的入不敷出、购置可长期使用的房地产或汽车家电，以及拿来扩充信用的投资。

借钱没有马上偿还会累积成负债就要根据负债余额支付利息，因此在贷款还清前，每期的支出除了生活消费外，还有财务上的本金利息摊还支出。

（1）消费负债：信用卡循环信用、现金卡余额、分期付款等。

（2）投资负债：融资融券保证金、发挥财务杠杆的借钱投资等。

（3）自用资产负债：购置自用资产所需房屋贷款与汽车贷款等。

5）省钱——节约

在现代社会中，不是所有的收入都可用来支应支出，有所得要缴所得税、出售财产要缴财产税、财产移转要缴赠与税或遗产税，因此在现金流量规划中如何合法节省所得税，在财产移转规划中如何合法节省赠与税或遗产税，也成为理财中重要的一环，对高收入的个人这更是理财首要考虑的因素。

（1）所得税节税规划。

（2）财产税节税规划。

（3）财产移转节税规划（该项境外较多采用）。

6）护钱——保险

护钱的重点在风险管理，它是指预先做保险或信托安排，使人力资源或已有财产得到保护，或当发生损失时可以获得理财来弥补损失。

保险的功能在于当发生事故使家庭现金收入无法支应当时或以后的支出时，仍能有一笔金钱或收益弥补缺口，降低人生旅程中意料外收支失衡时产生的冲击。

为得到弥补人或物损失的寿险与产险保障，必须支付一定比率的保费，一旦保险事故发生时，理赔金所产生的理财收入可取代中断的工作收入，来应付家庭或遗族的生活支出，或以理赔金偿还负债来降低理财利息支出。此外，信托安排可以将信托财产独立于其他私有财产之外,不受债权人的追索,有保护已有财产免于流失的功能。

(1)人寿保险:寿险、医疗险、意外险、失能险、养老险。

(2)产物保险:火险、责任险。

(3)信托。

(4)基金定投。

如果让你来作解释,你会从什么科学角度提出什么样的观念?

5.拓展活动

作为家庭的一分子,我们也可以为增加家庭收入出一份力,我们来比较一下,可以通过哪些方式增加家庭财富呢?(见表2-14)

表2-14 家庭财富拓展探究

比 较 项	银行储蓄	股 票
定 义		
操作方法		
优 点		
缺 点		

信用卡,作为一种支付方式,被越来越多的人使用,这种支付方式有什么利弊?我们该如何正确使用和规避风险呢?

6.激励评价

	等 第	简 要 评 语
全程参与程度		
作品优良程度		
观点创新程度		

四、水文环境

学习内容:知道上海水环境现状及其保护情况,知道现代生物技术在城市环境保护中的应用,学会水质简易测定的方法和技能,学会水质污染对水生小动物的影响的实验技能。

设计意图:亲历水质污染测定的操作,明白水质简易测定的方法,明白水质污染对水生小动物的影响,培养学生实际动手能力,感悟环境保护意识,从而激发社会责任感,了解和关注身边环境保护的建设。

学习目标:针对城市环境保护中的水环境保护进行学习,使学生对生态型城市有一个初步的了解,引导学生对上海市建设生态型城市的讨论,激发学生对于城市生态学习的兴趣。

(一) 城市生态系统的组成和特点

1. 激发兴趣

随着城市发展,城市生态问题一直是重中之重,通过参观上海城市规划馆,你能分析一下城市生态系统的组成吗? 它又有怎样的特点呢?

2. 形成方案

针对城市生态系统的组成,参考下面的案例,设计一个探究方案(见表2-15)。

探究目标:说明城市生态系统的组成。

创意物化:解读分析城市组成模型。

主要步骤:① 参观上海城市规划馆并认真记录;② 完成对城市生态系统组成的分析;③ 对其组成进行补充。

采取方法:参观法。

实践空间:通过线下参观、请教专家等方式获取信息。

展示交流:展示小组分析的城市生态组成,分享小组的理解;线上线下交流评价。

表 2-15 探 究 方 案

方 案 要 素	主 要 内 容
探究目标	
创意物化	
主要步骤	
采取方法	
实践空间	
展示交流	

3. 自主探究

城市生态系统的组成有何特点呢? 它与我们的自然生态系统相比有何异同呢? 请你画一画城市生态系统的组成示意图和自然生态系统的组成示意图。

4. 科学解释

城市生态系统是由城市人类及其生存环境两大部分组成。人类城市生态系统不同于自然生态系统,其注重的是人类活动和周围环境的相互关系,因而是以"人为主体的人工生态系统"。

根据图2-5,了解城市生态系统的特点。

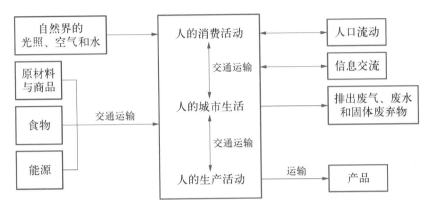

图2-5　城市生态系统

城市生态系统是消费者占优势的生态系统,它的分解功能不完全,产生的大量废物只能输出,具有不完整性,大量的物质和能量必须从外部输入,对外部系统依赖性大,城市生态系统的食物链简单化,营养关系出现倒置。这些决定了城市生态系统是一个不稳定的系统。

因此,以人为中心的城市生态系统是一个自然-经济-社会的复合系统。在城市范围内,人们为了生产生活的需要,在自然环境的基础上,建造了大量的建筑,以及交通、通信、电力、煤气、供排水等系统,还有医疗、文教、体育等城市设施,人们的不良的消费行为和生活习惯影响着城市的公共环境,造成水污染、固体废弃物污染、放射污染等,严重影响着城市生态系统的稳定性。城市中的人们要保持良好的生活习惯,自觉自愿地维持维护公共环境,并积极地采取新技术新技能减少污染,保持城市生态系统的稳定性。

5. 拓展活动

结合网上资料,调查"生态城市"的案例,进行分享展示。

6. 激励评价

	等　第	简　要　评　语
全程参与程度		
作品优良程度		
观点创新程度		

（二）水环境及其保护

1. 激发兴趣

你认识苏州河吗？苏州河是上海重要的地表水体，也是黄浦江最大的支流。历史上的苏州河，风光旖旎，水产丰富。但是1920年前后，苏州河水面开始黑臭，这是为什么？2008年，昔日黑臭的母亲河又为什么能焕发了崭新的容颜？

2. 形成方案

针对感兴趣的问题，参考下面的案例，设计一个探究方案（见表2-16）。

"追溯与展望"的"问河方案"——"对话苏州河"

探究目标：苏州河水环境的"黑臭"与"崭新容颜"转换的原因及影响。

创意物化：制作水环境模拟瓶。

主要步骤：① 探究水环境的基本要素；② 制作模拟瓶演示苏州河的脏乱与整洁的情况；③ 对水环境保护重要性的评议。

采取方法：文献检索法、实地考察法。

实践空间：属于创新实验室；拥有互联网＋设备、虚拟交流平台。

展示交流：展示苏州河的模拟瓶，解说其意义；线下线上交流评价。

表 2-16 探 究 方 案

方 案 要 素	主 要 内 容
探究目标	
创意物化	
主要步骤	
采取方法	
实践空间	
展示交流	

3. 自主探究

（1）走进苏州河。

① 苏州河所处的地理位置对上海的意义是什么？

_____

② 苏州河1920年时"黑臭"的水环境给水资源和周边的人们带来了什么？

_____

③ 昔日黑臭的母亲河焕发了崭新的容颜后对水环境有什么帮助？

_____

④ 上述认识的来源主要有：

_____

（2）认识水环境。

① 寻找水环境的模拟模型，比如鱼缸。我寻找的是：

_____

② 该水环境模型的主要组成：

_____

③ 该水环境模型表现的创新之处：

_____

④ 该水环境模型还存在的主要问题：

_____

（3）做一个展示模型。

受鱼缸的启发，做一个水环境实物模型。将制作所需要的材料、工具、过程记录下来，指出注意事项。

材料：_____

工具：_____

制作过程：_____

_____

_____

注意事项：_____

_____

或者运用数字技术做水环境虚拟模型。如果有这个兴趣，可以将设想（含所需条件）和过程进行简要记录。

4. 科学解释

（1）为什么曾为数百万上海市民提供生活用水的苏州河会变成河段全线黑臭、鱼虾绝迹的样子？

1920 年前后大量工业废水和生活污水排入苏州河导致苏州河水面开始黑臭。

（2）昔日黑臭的母亲河又为什么能焕发了崭新的容颜？

1988 年，上海市政府下决心整治苏州河，实施"以治水为中心，全面规划，远近结合，突出重点，分步实施"以及"每年都有阶段性成果"的方针。苏州河环境综合治理工程于 1999 年底开工，历时三年，工程包括新建苏州河口水闸、两岸雨水泵站改造、上海污水处理系统建设、中下游截污治污等九个子项目,总投资近40亿元。工程全面完成后,苏州河不仅干流水质稳定,达到景观用水标准,主要支流也基本消除黑臭,苏州河环线以内,自然景观和城市景观相协调的滨江景观廊道工程的完成,进一步建立了水质稳定的保障机制,增强了水生态系统和水体自净的能力。在治理恢复苏州河水系环境的生态功能的同时,建成两岸绿色走廊,为苏州河地区建设观光、休闲、文化、商贸、居住的多功能复合街区创造了更为有利的条件。

如果让你来作解释,你会从什么科学角度提出什么样的观念?

5. 拓展活动

结合课程所学,制作一份关于"上海城市水环境的过去、现在和未来状况的资料",在课堂上进行汇报,形式不限。

6. 激励评价

	等　　第	简　要　评　语
全程参与程度		
作品优良程度		
观点创新程度		

(三) 人类活动对于城市生态水质的影响

1. 激发兴趣

你了解人类活动对城市生态系统水质的影响吗? 哪些活动给水环境带来了益处? 又有哪些活动给水环境带来了恶劣的影响呢? 我们该如何避免或改善这些恶劣影响呢?

2. 形成方案

针对感兴趣的问题,参考下面的案例,设计一个探究方案(见表2-17)。

"展望未来"的"问水方案"——"对话人类"

探究目标:说明人类活动对环境的恶劣影响和相应改善措施的必要性和可持续性;激发环境保护的意识与治理行动。

创意物化:设想水环境治理方法并虚拟实施前后的水环境的模型。

主要步骤:① 探究水环境治理方法及其要义;② 制作模型演示实施前后的水环境状况;③ 对方法和模型评议。

采取方法:文献检索法、实验演示法。

实践空间:属于创新实验室;拥有互联网＋设备、虚拟交流平台。

展示交流：展示水环境模型,解说其意义;线下线上交流评价。

表 2 - 17 探 究 方 案

方 案 要 素	主 要 内 容
探究目标	
创意物化	
主要步骤	
采取方法	
实践空间	
展示交流	

3. 自主探究

(1) 走进水环境治理与保护。

① 水环境治理与保护的要点：

② 水环境治理与保护的意义：

③ 水环境达到有效治理的证据有：

④ 上述认识的文献来源：

(2) 认识水环境治理与保护。

① 寻找水环境治理模型,如城市水系统控制仿真模型(Simuwater)图像。我寻找的是：

② 该模型的主要内容可以简要归纳为：

③ 该水环境治理模型表现的创新之处在于：

④ 该水环境治理模型还存在的主要问题有：

(3) 做一个展示模型。

受水处理仿真模型的启发,做一个水处理实物模型,将制作所需要的材料、工具、过程记录下来,指出注意事项。

材料:＿＿＿＿＿＿＿＿＿＿＿＿＿＿＿＿＿＿＿＿＿＿＿＿＿＿＿＿

工具:＿＿＿＿＿＿＿＿＿＿＿＿＿＿＿＿＿＿＿＿＿＿＿＿＿＿＿＿

制作过程:＿＿＿＿＿＿＿＿＿＿＿＿＿＿＿＿＿＿＿＿＿＿＿＿＿＿

＿＿＿＿＿＿＿＿＿＿＿＿＿＿＿＿＿＿＿＿＿＿＿＿＿＿＿＿＿＿＿

注意事项:＿＿＿＿＿＿＿＿＿＿＿＿＿＿＿＿＿＿＿＿＿＿＿＿＿＿

或者运用数字技术做水处理虚拟模型。如果有这个兴趣,可以将设想(含所需条件)和过程进行简要记录。

4. 科学解释

上海位于长江和太湖水系下游,原水水质受上游和太湖流域的影响较大。流经上海的水量虽然较多但水质较差,上海属于典型的水质型缺水城市。自然界中的水要净化处理以后才能提高水质,供人使用,但净化水需要花成本。为了保持城市生态系统的稳定性,我们应该建设资源节约型社会,其中包括保护水资源,节约用水。

由此回到之前的问题,城市生态系统是一个以人为中心的人工生态系统,是由城市人类及其生存环境两大部分组成;大量能量和物质必须从外部输入,表现出对外部系统的依赖性。城市生态系统的食物链简化,营养关系出现倒置,这些决定了城市生态系统是一个不稳定的系统。城市环境保护的三大任务是保护人体免受病原微生物、有毒化学品等的伤害,不使人受到被污染的空气、水等的刺激和伤害,以及保持生态系统稳定性和保护自然资源。

如果让你来作解释,你会从什么科学角度提出什么样的观念?

5. 拓展活动

加强环境保护,可以从小事做起,你觉得在这方面你做了哪些,还准备做哪些?先请按表 2-18 填空要求来尝试一下。

表 2-18 环境保护自查

比 较 项	曾经做过的	未来将改进的

6. 激励评价

	等　第	简　要　评　语
全程参与程度		
作品优良程度		
观点创新程度		

五、新冠风云起

学习内容：了解认识历史上的瘟疫；认识新型冠状病毒及相应主要作用的人体器官，把握传染病的概念；分析探讨新冠病毒的起源；学习正确测量人体的体温；了解新冠病毒患者具体症状及病毒的传播途径。

设计意图：培养学生对于社会事件的关注度及其责任意识；引导学生科学认识疫情；激励并提高学生的科学探究能力和实践能力；掌握涉及的科学知识点。

学习目标：本模块意图让学生科学认识新冠病毒，增强疫情防控意识，学习涉及的学科知识。

（一）历史上的瘟疫

1. 激发兴趣

2019 年底新型冠状病毒感染疫情突然来临，打破了原来平静的生活，也阻碍了大家的日常出行，甚至于不得不进行隔离管控。那么，同学们知道历史上有哪些比较著名的流行病疫情吗？这些疫情在当时的传播状况是怎样的？对那个时期产生了些什么影响？请同学们结合互联网和相关书籍，对历史上的这些流行病疫情进行简单的整理。

2. 形成方案

针对感兴趣的问题，参考下面的案例，设计一个探究方案（见表 2-19）。

"历史上的疫情"

探究目标：寻找历史上的相关疫情。

创意物化：制作与疫情相关的表格。

主要步骤：① 寻找并整理历史上的疫情；② 制作相关表格；③ 通过比较，分析这些疫情存在的异同。

采取方法：文献检索法。

实践空间：拥有互联网＋设备、虚拟交流平台。

展示交流：展示"历史上的疫情"汇总表格，解说其具体内容。

表 2 - 19 历史上的疫情 1

名称	时间	感染人数	死亡人数	传染源	传播途径	社会性质	相关影响

3. 自主探究

查阅相关资料，整理不同历史时期的疫情具有的共性（可以从传播性、影响等角度入手）。

（1）传染病的发生不分时间年代、地域环境、社会性质和社会形态，其与人类发展相伴相生。在人类发展史中，无论是古代、近代还是现代，无论是亚洲、美洲、欧洲还是其他洲，无论是奴隶制社会、封建社会还是资本主义社会，都发生过不同传染病的大流行，给当时的社会带来了巨大的冲击。

（2）传染病大流行多发生在技术水平高、人口密集的地区，也就是社会经济快速发展到一定水平以后的人群积聚地区。

（3）每次传染病大流行都会导致感染人数众多，死亡率较高。

（4）传染病每次流行的持续时间长短不一，短则一年，长则十余年。

（5）多为呼吸道传染病流行。

（6）传染病大流行多为人群普遍易感。

（7）社会影响巨大而深远。

……

4. 拓展活动

结合历史上的疫情和此次新型冠状病毒感染疫情，你得到了什么启示？

5. 激励评价

	等　　第	简　要　评　语
全程参与程度		
作品优良程度		
观点创新程度		

（二）什么是新型冠状病毒

1. 激发兴趣

2019年底，突如其来的新冠病毒疫情扰乱了我们正常的学习和生活，影响到我们社会的各个方面。那么新冠病毒究竟是什么？

2. 形成方案

针对问题，参考下面的案例，设计一个探究方案（见表2-20）。

探究目标：分析疫情实时数据，明确新冠的作用机理与人体的关联。

创意物化：完成肺部模型的制作。

主要步骤：① 探究新冠的作用机理；② 完成人体肺部模型的设计；③ 制作相应的肺部模型。

采取方法：数据分析法、文献检索法、观察法。

展示交流：展示肺部模型，解说新冠的作用机理；线上线下交流评价。

表 2-20 探 究 方 案

方 案 要 素	主 要 内 容
探究目标	
创意物化	
主要步骤	
采取方法	
实践空间	
展示交流	

3. 自主探究

新冠病毒直接作用于我们人体的肺部，结合你所观察到的肺部的形态结构以及了解到的结构特点，可以从动态或者静态不同角度制作一个肺部模型。

将制作所需要的材料、工具、过程记录下来，指出注意事项。

材料：_____

工具：_____

制作过程：_____

注意事项：＿＿＿＿＿＿＿＿＿＿＿＿＿＿＿＿＿＿＿＿＿

＿＿＿＿＿＿＿＿＿＿＿＿＿＿＿＿＿＿＿＿＿＿＿＿＿＿＿＿＿

可以将设想和过程进行简要记录，随后进行分享交流。

4. 科学解释

我们所说的新冠疫情，是由 2019 新型冠状病毒引起的新型冠状病毒感染，经过多种传播途径在人群中流行。传染病（Infectious Diseases）是由各种病原体（包括病毒、细菌、真菌或者寄生虫等）引起的，能在人与人、动物与动物或人与动物之间相互传播的一类疾病。我们结合新冠病毒的定义，来判断它是否是一类传染病。显然是的。我们再来讨论一下新冠的病原体，也就是新型冠状病毒。2019 新型冠状病毒作为病毒，属于一类微生物，它微小到我们要用高倍显微镜才能看见，而它的力量却又如此强大。其实，我们每天都要受到来自外界的无数攻击，这些攻击者既有细菌也有病毒，经过长期的斗争，我们已经有了一套完整的防御体系：我们的皮肤能把绝大多数病菌拒之体外。但是病毒非常善于寻找我们的弱点，乘虚而入，比如嘴、口腔黏膜、鼻腔黏膜、呼吸道，还有伤口，等等。另外，我们的双手也会经常接触到病毒，再通过揉鼻子、揉眼睛等一系列动作使病毒入侵我们的体内。病毒一旦通过这些脆弱的地方进入我们的身体，和细胞之间的战争就开始了。而肺部，则是新冠病毒攻击的主要部位。

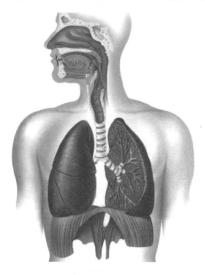

图 2-6 人体肺部

如图 2-6 所示，肺部作为我们人体重要器官，主要起到气体交换的作用，以此来维持我们的生命活动。

肺部内含气管部分，其末端形成了肺泡结构，肺泡上面包绕着丰富的毛细血管。

5. 拓展活动

请结合自己制作的肺部模型，向身边的人科普一下什么是新冠病毒。

6. 激励评价

	等　　第	简　要　评　语
全程参与程度		
作品优良程度		
观点创新程度		

（三）新冠病毒的起源

1. 激发兴趣

突如其来的新型冠状病毒起源于哪里？这是需要科学才能回答的问题，没有科学依据不能妄下结论。现在已有的几种理论中有"动物说""人为说"等，你能说出几种不同的起源形式、讲得清楚它们背后的原理吗？如果能够对不同的起源形式进行比较和评判，那就更加了不起了。

2. 形成方案

针对感兴趣的起源，参考下面的案例，设计一个探究方案（见表 2－21）。

探究目标：说明"动物说"的起源形式和疑点；学会找出漏洞。

创意物化：完成解读"动物说"的研究报告。

主要步骤：① 探究"动物说"起源形式的缘由和根据；② 完成"动物说"起源形式的研究报告；③ 对"动物说"评判。

采取方法：文献检索法。

展示交流：展示"动物说"研究报告，解说其根本原因；线上线下交流评价。

表 2－21 探 究 方 案

方 案 要 素	主 要 内 容
探究目标	
创意物化	
主要步骤	
采取方法	
实践空间	
展示交流	

3. 自主探究

（1）认识"动物说"（或其他起源观点）。

（2）寻找"动物说"（或其他起源观点）的理论依据。对该观点主要内容进行简要归纳。

_____

（3）该观点表现的可信之处在于：

_____

（4）该观点存在的可疑之处在于：

_____

（5）完成一份对该观点的研究报告。

（6）分享展示。

4．拓展活动

结合网络资源，你认为最科学的新冠起源是哪一种，并制作一份"新冠的起源"小报。

5．激励评价

	等　　第	简　要　评　语
全程参与程度		
作品优良程度		
观点创新程度		

（四）新冠病毒是如何传播的

1．激发兴趣

大家知道人体的正常体温是多少吗？我们鉴别他人是否感染新冠病毒的最直接方法是通过体温的测量。接下来我们学习如何正确测量人体的体温，并且我们可以比较一下我们处于安静时和运动后的体温是否有明显变化。

测量一天之内的体温变动的基本步骤：

（1）将口腔体温计的水银柱甩到 35℃以下，用 70％的酒精对体温计进行消毒。

（2）将口腔体温计的水银端放入口腔舌下 3～5 分钟，注意不要咬破体温计。

（3）设计表格，记录结果。

可选用额温枪或耳温枪替代传统水银体温计，提高工作效率。但在发热的情况下，三种测温仪所测数值有显著差异，传统水银体温计是测温"金标准"，不能用额温枪或耳温枪替代传统水银体温计，避免出现误差过大的情况。因此，水银体温计适合发热人群的体温监测。耳温枪较额温枪更能准确反映人体温度，而且测温快速，适合婴幼儿这类好动、测温不配合的人群。额温枪操作方便，无须接触人体，适合大批量人群体温筛查。

假若体温未在正常范围内，根据现有病例资料，新型冠状病毒感染患者症状以发热、干咳、乏力等为主要表现，严重时会导致肺炎、肾衰竭，甚至死亡。

那么新冠病毒究竟如何进行传播呢？

2. 形成方案

针对问题，参考下面的案例，设计一个探究方案(见表2-22)。

探究目标：明确新冠病毒的传播途径。

创意物化：完成新冠病毒传播的研究报告。

主要步骤：① 搜集有关新冠病毒的传播途径的资料；② 完成新冠病毒传播形式的研究报告。

采取方法：文献检索法。

展示交流：分享新冠病毒传播的研究报告；线上线下交流评价。

表 2-22 探 究 方 案

方 案 要 素	主 要 内 容
探究目标	
创意物化	
主要步骤	
采取方法	
实践空间	
展示交流	

3. 自主探究

结合网上资料分析新冠病毒的传播途径，选择其中一种进行探究。

(1) 认识"飞沫传播"(或其他途径)。

(2) 完成一份对该观点的研究报告。

(3) 分享展示。

4. 科学解释

现在关于新冠病毒的传播途径主流观点为两类。我们先前提及过，新型冠状病毒主要的传播途径为呼吸道飞沫传播和接触传播，我们可以结合动画来理解。

(1) 飞沫传播，是指将患者喷嚏、咳嗽、说话的飞沫，呼出的气体近距离直接吸入导致的感染。

(2) 接触传播，是指飞沫沉积在物品表面，接触污染手后，再接触口腔、鼻腔、眼睛等黏膜导致的感染。

5. 拓展活动

结合课程所学，制作一张关于"新冠病毒"的小报。

6. 激励评价

	等　　第	简　要　评　语
全程参与程度		
作品优良程度		
观点创新程度		

六、浩瀚的蓝色海洋

学习内容：世界的主要大洋概况，海洋的空间资源，海洋的生物资源与海洋的矿产资源。

设计意图：培养学生对海洋的关注度和想象力；引导提升学生依据海洋现象来进行艺术创作的实践能力；激励学生面向未来海洋现状的创新思维与创造精神。

学习目标：本模块意图让学生针对海洋世界开展观察并描述，提高对海洋和海洋资源的认识，了解海洋的现状，培养对于未知海洋世界的好奇心及创新精神。

（一）你了解世界主要大洋吗

1. 激发兴趣

老师出示图片中的动物，你知道它们都生活在哪个大洋吗？可以告诉你，它们是北极熊、企鹅、海蛞蝓、儒艮，分别生活在北冰洋、南冰洋、大西洋、印度洋这四大洋。你能够说出这些动物所生活的大洋的地理位置吗？能说出世界各大洋都有着怎样的自然环境吗？知道人们对这些大洋的研究情况吗？如果能够对不同大洋进行比较和评价，那就更有水平了。

打算研究的是：＿＿＿＿＿＿＿＿＿＿＿＿＿＿＿＿＿＿＿＿＿

打算比较的是：＿＿＿＿＿＿＿＿＿＿＿＿＿＿＿＿＿＿＿＿＿

打算撰写解说报告的是：＿＿＿＿＿＿＿＿＿＿＿＿＿＿＿＿＿

2. 形成方案

针对感兴趣的问题，参考下面的案例，设计一个探究方案（见表 2 - 23）。

"走进北冰洋"

探究目标：详细介绍北冰洋。

创意物化：撰写北冰洋的解说报告。

主要步骤：① 明确北冰洋的地理位置；② 探究北冰洋的自然环境；③ 目前对北冰洋的研究。

采取方法：文献检索法、撰写。

实践空间：拥有互联网＋设备、虚拟交流平台。

展示交流：展示北冰洋的解说报告，阐释其意义；线下线上交流评价。

表 2–23　探 究 方 案

方 案 要 素	主 要 内 容
探究目标	
创意物化	
主要步骤	
采取方法	
实践空间	
展示交流	

3. 自主探究

(1) 走进北极熊(或其他动物)。

① 北极熊(或_____)的形态特征：

_____

② 北极熊的生活习性：

_____

③ 北极熊的保护现状：

_____

④ 上述认识的文献来源：

_____

(2) 认识北冰洋(或其他大洋)。

① 寻找北冰洋(或_____)的地图。

② 对北冰洋(或_____)的地理环境进行简要归纳。

③ 该大洋展开的研究活动：

_____

④ 对该大洋的研究保护中遇到的主要问题：

_____

（3）撰写一份解说报告。

将撰写所需要的材料、工具、过程记录下来，指出注意事项。

材料：_____

工具：_____

制作过程：_____

注意事项：_____

或者运用数字技术设计解说报告。如果有这个兴趣，可以将设想（含所需条件）和过程进行简要记录。

（4）展示推介。

4. 科学解释

北极熊的生活环境越发困难了，为什么？因为全球气候变暖了。

全球气候变暖是一种和自然有关的现象，是由于温室效应不断积累，导致地气系统吸收与发射的能量不平衡，能量不断在地气系统累积，从而导致温度上升，造成全球气候变暖。

由于人们焚烧化石燃料，如石油、煤炭等，或砍伐森林并将其焚烧时会产生大量的二氧化碳，即温室气体，这些温室气体对来自太阳辐射的可见光具有高度透过性，而对地球发射出来的长波辐射具有高度吸收性，能强烈吸收地面辐射中的红外线，导致地球温度上升，即温室效应。全球变暖会使全球降水量重新分配、冰川和冻土消融、海平面上升等，不仅危害自然生态系统的平衡，还影响人类健康，甚至威胁人类的生存。

如果让你来为解决问题出一份力，你会从什么角度提出什么样的建议？

5. 拓展活动

对南冰洋和大西洋两个资源也可以作些类似的探索，先请按表2-24要求来尝试一下。

表 2−24 南冰洋和大西洋探究

比 较 项	南 冰 洋	大 西 洋
面积大小		
地理位置		
自然环境		
周边国家		

鳄蜥是某一大洋中的濒危物种，请对这个物种作些要点介绍。

如果让你制定濒危物种保护方案，下列方案中你的选择是(　　)。

A. 建立自然保护区　　　　B. 加强管理严惩偷猎　　　　C. 保护野生动物种群

6. 激励评价

	等 第	简 要 评 语
全程参与程度		
作品优良程度		
观点创新程度		

(二) 海洋的资源是什么样的

1. 激发兴趣

空间、生物和矿产是海洋的三种资源。你能够说出这些海洋资源的分类吗？说得出这些海洋资源的特征吗？如果能够借助这些资源绘制一张未来海洋城市场景图，那就更有水平了。

你的探索目标是：

打算研究的海洋资源是：＿＿＿＿＿＿＿＿＿＿＿＿＿＿＿＿＿

打算绘制的未来海洋城市图是：＿＿＿＿＿＿＿＿＿＿＿＿＿

2. 形成方案

针对感兴趣的问题，参考下面的案例，设计一个探究方案(见表 2−25)。

海洋矿产资源——石油资源

探究目标：海洋石油资源的主要分布地区。

创意物化：制作海洋石油资源的调研报告。

主要步骤：① 探究"海洋石油资源"的种类与特点；② 结合世界上能源大战的实例，说明海洋石油资源的战略价值；③ 制作海洋石油资源的调研报告。

采取方法：文献检索法。

实践空间：拥有互联网＋设备、虚拟交流平台。

展示交流：展示海洋石油资源的调研报告，解说其意义；线下线上交流评价。

表 2-25　探 究 方 案

方 案 要 素	主 要 内 容
探究目标	
创意物化	
主要步骤	
采取方法	
实践空间	
展示交流	

3. 自主探究

（1）走进海洋石油资源（或其他矿产资源）。

① 海洋石油资源（或_____）的分类：

_____

② 海洋石油资源的主要分布地区：

_____

③ 世界上能源大战的实例：

_____

④ 上述认识的文献来源：

_____

（2）绘制一张未来海洋城市图。

将制作所需要的材料、工具、过程记录下来，指出注意事项。

材料：_____

工具：_____

制作过程：_____

_____

注意事项：_____

或者运用数字技术做未来海洋城市图。如果有这个兴趣，可以将设想(含所需条件)和过程进行简要记录。

（3）展示推介。

4. 科学解释

海底矿产知多少？

石油、天然气。据估计，世界石油极限储量1万亿吨，可采储量3 000亿吨，其中海底石油1 350亿吨；世界天然气储量255～280亿立方米，海洋储量占140亿立方米。20世纪末，海洋石油年产量达30亿吨，占世界石油总产量的50%。中国在临近各海域油气储藏量约40～50亿吨。由于发现丰富的海洋油气资源，中国有可能成为世界五大石油生产国之一。

煤、铁等固体矿产。世界许多近岸海底已开采煤铁矿藏。日本海底煤矿开采量占其总产量的30%；智利、英国、加拿大、土耳其也有开采。日本九州附近海底发现了世界上最大的铁矿之一。亚洲一些国家还发现许多海底锡矿。已发现的海底固体矿产有20多种。中国大陆架浅海区广泛分布有铜、煤、硫、磷、石灰石等矿。

海滨砂矿。海滨沉积物中有许多贵重矿物。例如，含有发射火箭用的固体燃料钛的金红石；含有火箭、飞机外壳用的铌和反应堆及微电路用的钽的独居石；含有核潜艇和核反应堆用的耐高温和耐腐蚀的锆铁矿、锆英石；某些海区还有黄金、白金和银等。中国近海海域也分布有金、锆英石、钛铁矿、独居石、铬尖晶石等经济价值极高的砂矿。

如果让你来作补充，你还认识哪种海洋矿产资源？

5. 拓展活动

对"空间"和"生物"两个资源也可以作些类似的探索，请按表2-26要求来尝试一下。

表2-26 海洋空间和海洋生物资源探究

比 较 项	海洋空间资源	海洋生物资源
主要概念解释		
主要资源分类		
主要地理分布		
主要特征		

自选一种海洋生物的资源进行简单介绍。

6. 激励评价

	等 第	简 要 评 语
全程参与程度		
作品优良程度		
观点创新程度		

七、人类的观星历程

学习内容:人类在地球上的观星历程;描述宇宙星空的智慧图像;提高观星效果的科技工具创新;引发科学遐想的宇宙演变现象;飞出地球寻找生存新空间的人类之梦。

设计意图:培养学生对大自然的关注度和想象力;引导学生依据自然现象来进行科学描述的实践能力;激励学生面向未来质疑现状的创新思维与创造精神。

学习目标:本模块意图让学生针对星空世界开展观察并描述,了解古往今来人类对外星世界的探索之旅,培养对于未知世界的好奇心及科学精神。

(一) 人类在地球上的观星历程

1. 激发兴趣

历史上的宇宙结构论主要有四种,即"盖天说""浑天说""地心说""日心说"。你能说得出这些不同说法的代表人物吗?讲得清这些解释背后的道理即"自圆其说"吗? 如果能够对不同解释进行比较和评判,那就更有水平了。

你的探索目标是:

打算研究的是: _____

打算比较的是: _____

打算通过数据对比来解释的对象是: _____

2. 形成方案

针对感兴趣的问题,参考下面的案例,设计一个探究方案(见表2-27)。

"乾坤社团"的"问天方案"——"对话哥白尼"

探究目标：说明"日心说"的创新和不足；学会质疑。

创意物化：制作解读"日心说"的实物或虚拟模型。

主要步骤：① 探究"日心说"提出的背景及其要义；② 制作模型演示"日心说"；③ 对"日心说"评议。

采取方法：文献检索法、实验演示法。

实践空间：属于创新实验室；拥有互联网＋设备、虚拟交流平台。

展示交流：展示"日心说"解读模型，解说其意义；线下线上交流评价。

表 2-27 探 究 方 案

方 案 要 素	主 要 内 容
探究目标	
创意物化 主要步骤	
采取方法	
实践空间	
展示交流	

3. 自主探究

(1) 走进哥白尼（或其他相关科学家）。

① 哥白尼（或_____）的生平亮点：

_____

② 该科学家所处时代对宇宙的观点：

_____

③ 该科学家提出的宇宙观点的依据：

_____

④ 上述认识的文献来源：

_____

(2) 认识"日心说"（或其他宇宙结构假说）。

① 寻找"日心说"（或_____）的图像模型。

② 该宇宙观点（如"日心说"）的主要内容：

③ 该宇宙观点表现的创新之处：

_____

④ 该宇宙观点存在的主要问题：

_____

（3）做一个展示模型。

根据"三球仪"启发，做一个"日心说"实物模型。

将制作所需要的材料、工具、过程记录下来，指出注意事项。

材料：_____

工具：_____

制作过程：_____

_____

注意事项：_____

或者运用数字技术做"日心说"（或其他"说"）虚拟模型。如果有这个兴趣，可以将设想（含所需条件）和过程进行简要记录。

4. 科学解释

从"地心说"发展到"日心说"，说明了什么？

日心说相比于地心说而言有进步。有人提出一个简化模型：假设整个宇宙中只有太阳和地球两个星体，地球孤零零绕着太阳转，那么我们可以说太阳是宇宙的中心吗？太阳公公环顾了四周，发现这么说好像没毛病。可是站在地球上的我们看着太阳绕着自己转，觉得说太阳绕着地球转，地球是宇宙的中心好像也没错啊？那么问题出现在哪里呢？伽利略说，其实两种说法都对，关键在于以谁为参照系——如果我们认为地球是静止不动的，那么太阳确实是在绕地球运动，而反之如果我们认为太阳是静止的，那么地球则在绕着太阳运动。

由此回到之前的问题，日心说比起地心说来进步在哪里？人们发现，天文学上它们并无本质不同，此前地心说并不是只认为其他行星绕地球做圆周运动，而是已经发展出了一套相当完善的模型以预测行星运动的轨迹。日心说更重大的意义从布鲁诺因为宣扬日心说被绑在火刑柱上烧死这件事看，是其宗教因素而非科学因素。日心说在天文学发展中的里程碑是指在一个没有牛顿三定律和万有引力定律的年代，提出我们脚下坚实的大地是运动的，需要极大的勇气。

5. 拓展活动

在本项目开头还提到了"盖天说"和"浑天说"。两者也可以进行类似的探索，请按表 2-28 内容填空。

表 2－28 "盖天说"和"浑天说"探究

比 较 项	盖 天 说	浑 天 说
学说起源时期		
主要观点解释		
依据参考文献		
演示仪器名称		

图 2－7 代表一种宇宙观的仪器

图 2-7 是可以代表一种宇宙观的仪器，请对这种仪器进行要点解释。

_____

_____

_____

如果让你制作一台"浑天仪"，下列创意方案中你会选择（   ）。

A. 运用"3D"技术　　　　B. 运用"VR"技术　　　　C.其他技术

6. 激励评价

	等　第	简　要　评　语
全程参与程度		
作品优良程度		
观点创新程度		

(二) 宇宙星空的智慧图像

1. 激发兴趣

在有文字记载之前,人类就已经开始观察日月星辰和相关天象,并对"天"产生崇敬甚至畏惧的心理,其历史可以追溯到几千年前。对我们说来属于常识性认知的天文知识,古人却难以理解,甚至感到玄妙莫测,人类正确认识宇宙经历了一个漫长的过程。认识宇宙,从直接目视观测星空开始。在晚上,我们想看到满天的星辰需要怎样的条件? 我们又该如何把看到的一切记录下来?

图 2-8　星空图

在图 2-8 中,你能看出有多少颗星星? 你准备从哪些角度记录图片中的星体? 你知道哪些认星方法? 这些认星的方法有什么可取之处?

2. 形成方案

针对感兴趣的问题,参考下面的案例,设计一个探究方案(见表 2-29)。

中国古代星空天文图——三垣二十八宿

探究目标:探究中国古代星空天文图——三垣二十八宿,说明其价值和局限性,阐释如何进行改进。

创意物化:找一份通用的全天星图,尝试制作中国文化全天星图。

主要步骤:① 查阅三垣二十八宿星空天文图中星体与现代通用星图中星体的对应关系;② 设计制作三垣二十八宿形式的中国文化全天星图,用于展示我国北方地区的可见星体;③ 对中国古代用三垣二十八宿记录星空的优势和不足进行评议;④ 对三垣二十八宿星空天文图记录星空的方法进行改进。

采取方法:文献研究法、观察法、比较研究法。

实践空间:数字化创新实验室、"互联网＋"设备。

展示交流:展示三垣二十八宿全天星图,解说其记录方式;介绍三垣二十八宿中国文化本意;评议三垣二十八宿全天星图的优势和不足,提出改进建议;线上线下交流评估。

表 2-29 探究方案

方案要素	主 要 内 容
探究目标	
创意物化	
主要步骤	
采取方法	
实践空间	
展示交流	

3. 自主探究

(1) 认识天球。

① 什么是天球?

_____

_____

② 天球是一个假想圆球,为何与我们观测的事实星空相符?

_____

_____

③ 我们如何对天球上的星体进行定位?

_____

④ 对天球上的两个星体间的距离用什么方法表示?

_____

⑤ 你查阅的文献来自:

_____

(2) 了解星图。

① 星图是天文观测的基本工具之一,其绘制原理是怎样的?

_____

_____

② 星图能表现星体的哪些基本物理性质和特征?

③ 星图的种类大致有哪些？主要用途有什么区别？

（3）制作一个展示模型。

利用两张图片资料，设计制作一个"活动星图"。记录制作需要的材料、工具、过程，并指出注意事项。

材料：

工具：

制作过程：

注意事项：

（4）展示推介。

4. 科学解释

任一时刻直接观测，星空就像人们头顶上的半球形穹顶，连同地平面以下的另一半，组成一个球形，这就是天球。由于肉眼无法估计自己和各个星体间的距离，大脑便认为所有星体都在同一个遥远的距离上。这些星体就像全部分布在一个围绕着我们的圆球的内壁上，我们位于球心位置并仰望着它们。由此可见，天球是一个以观测者为球心、任意长度为半径的假想球体。虽然只是假想出来的球体，但是它与我们的实际观测结果相符，可用于直接判定星体的相对位置。

像用经纬度坐标来记录地球上的某一地点一样，首先我们可以在天球上确定一种坐标体系，然后标出任一星体的坐标位置。应用这种记录方法的模型有一个与地球仪类似的名称——天球仪。但是，三维天球仪的制作、携带和使用很不方便，于是人们就采用星图的方法来简化这一模型。

星图是将星体的三维球面视位置投影于平面上所构成的"天图"。公元 640 年前后绘制在绢丝上的"敦煌星图"是世界上现存最古老的星图，1247 年在苏州刻制的石刻天文图也是世界上最早的星图之一。

5. 拓展活动

纬线和经线是人们为了标注和度量地球上某一点位置而假想出来的辅助线，基本圈为赤道，基本点为两极。对于天球上的星体位置的标注，我们也可以采用类似的方法。请查找资料，并按表 2-30 内容填空。

表 2-30 星 体 探 究

比 较 项	地平坐标系	赤道坐标系	黄道坐标系
基本圈			
基本点			
坐标系优势			
参考资料来源			

请在网络上搜索北极星附近天区的星轨照片，并利用天球坐标系计算北极星的高度。

6. 激励评价

	等 第	简 要 评 语
全程参与程度		
作品优良程度		
观点创新程度		

(三) 观星工具的创新

1. 激发兴趣

在贵州省平塘县大窝凼的喀斯特洼地中，有一座全球口径最大的单体球面射电望远镜，被称为中国"天眼"。它是一个口径为 500 米的庞然大物，灵敏度等各种指标稳居全球第一。中国"天眼"像一只放大了许多倍的眼睛，望向宇宙星空，大大提升了人类的观测能力，让我们能看到宇宙的深处。建成以来，它已经取得不少科研成果，收集了海量观测数据，等待科研人员解读它看到的宇宙奥秘。你知道中国"天眼"与平时常见的望远镜有什么区别吗？它能进行哪些波段的天文观测？这类望远镜发现过哪些星体的奥秘？

2. 形成方案

望远镜这个词总让人想起用于观察遥远物体的仪器，早期望远镜确实都是光学仪器，而现代的望远镜则有各种类型。

针对你感兴趣的问题，参考以下案例，设计一个探究方案(见表 2-31)。

形形色色的"眼睛"——望远镜分类

探究目标：按接收的电磁辐射波段的区别，查询望远镜主要有哪些类型；比较各波段望远镜的使用方向和局限性；按分布位置高度，对望远镜进行分类。

创意物化：查找资料，绘制各波段电磁辐射穿越大气层的损失率图，并在图中标注各波段望远镜的合适位置高度。

主要步骤：查阅资料，学会解读各波段电磁辐射穿越大气层的损失率图；查询各波段望远镜的使用方向和位置高度分布；在图中标注不同类型的望远镜；按分布位置高度，对望远镜再次进行分类。

采取方法：文献研究法、观察法、比较研究法。

实践空间：数字化创新实验室、"互联网＋"设备。

展示交流。

表 2-31　探　究　方　案

方 案 要 素	主 要 内 容
探究目标	
创意物化	
主要步骤	
采取方法	
实践空间	
展示交流	

3. 自主探究

（1）望远镜发展史。

① 最早用于天文观测的望远镜是哪位学者制作的？

_____

② 光学望远镜分为哪些类型？

_____

③ 射电望远镜是怎样诞生的？

_____

_____

④ 列出你了解的三项射电望远镜的观测成果：

_____

⑤ 为什么要把望远镜发射到太空？

_____

⑥ 你查阅的文献来自：

_____

（2）制作一个展示模型。

按照折射式望远镜的光学原理图，在互联网上购买一组玻璃镜片，设计制作一架折射式光学望远镜。记录制作需要的材料、工具、过程，并指出注意事项。

材料：_____

制作过程：_____

_____

注意事项：_____

（3）展示推介。

4. 科学解释

大气层对地球上生物的生存、繁衍是必不可少的，但它也给地面天文观测带来很多干扰。大气对天体电磁辐射具有吸收、散射、折射等作用；大气运动使辐射波抖动、闪烁，甚至有些波段的辐射波根本无法穿过大气层到达地面。要想完全摆脱地球大气层的影响，必须飞出地球，即把观测望远镜放到地球大气层之外，这就是空间望远镜。

自 20 世纪 40 年代开始，随着各类先进的专用天文望远镜的上天，空间天文观测技术迅速发展。红外天文学、紫外天文学、X 射线天文学和 Y 射线天文学成为空间天文学的分支学科。从不同角度探索银河系天体和河外星系天体，其观测的对象、内容和精度都有了极大的丰富和提高，便于获得新发现。

行星、恒星、星系、星系团等各类天体，由于其自身物理性质的不同，在各不同波段的辐射情况差异很大。例如，由于星际物质的消光作用，一些遥远的大体在可见光波段较难观测，但却很容易探测到它们的射电或红外发射，从而对它们进行更详细的研究。因此，只有了解天体在不同波段的辐射情况，才能更全面、准确地认识天体的特征和性质，这就是全波段天文学的概念。

5. 拓展活动

尝试比较不同类型的光学望远镜的区别，查阅资料，按表 2-32 要求填空。

表 2 - 32　比较光学望远镜

比 较 项	折 射 式	反 射 式	折 返 式
基本光路原理			
优　点			
缺　点			
参考资料的来源			

思考：如果你想购买一架望远镜，应根据自己的需要，着重考虑哪些因素才能买到合适的望远镜？

6. 激励评价

	等　第	简　要　评　语
全程参与程度		
作品优良程度		
观点创新程度		

（四）宇宙演变现象假说

1. 激发兴趣

自古以来，人们一直对星空充满好奇。许多关于宇宙星空的问题困扰着人类，其中比较著名的一个问题是：为什么夜晚的天空是黑色的？

1823 年，天文学家奥伯斯指出，如果宇宙是静止、均匀、无限的，那么宇宙中就会有无限的恒星。这样一来，宇宙观测者每道视线的终点，必将会落在一颗恒星上。按此推测，即使是在夜晚，整个天空也会像白天一样明亮，但实际上夜空是黑色的。这种理论与观测之间的矛盾就是著名的奥伯斯佯谬。

能解释奥伯斯佯谬的理由是恒星发出的光线到达地球需要一段时间，膨胀宇宙和有限宇宙的观点能给出答案。当我们望向宇宙深处，我们不止在看一些遥远的物体，其实我们正同时望向宇宙的过去。如果超越某一距离仍看不见星星，那么更远处也不可能会有，因为在这之前宇宙中还未有恒星诞生。那么我们怎么知道宇宙在膨胀呢？宇宙的年龄是多少呢？

2. 形成方案

针对感兴趣的问题，参考下面的案例，设计一个探究方案（见表2-33）。

膨胀的宇宙——恒星间的距离

探究目标：探究当宇宙处于膨胀过程中，恒星间的距离将如何变化；查询哪些天文观测事实能支持"宇宙在膨胀"的观点。

创意物化：尝试设计一个膨胀宇宙的模型。

主要步骤：查阅资料，对比膨胀宇宙与静态无限宇宙观点的区别；利用模型，比较恒星间的距离在不同宇宙中的变化；查询现有的天文观测事实是否支持宇宙膨胀理论；尝试用宇宙膨胀理论解释奥伯斯佯谬。

采取方法：文献研究法、观察法、比较研究法。

实践空间：数字化创新实验室、互联网＋设备。

展示交流：说明膨胀宇宙与静态无限宇宙观点的区别；介绍随着时间变化，恒星间的距离在不同宇宙中的变化，利用现代天文观测事实证明宇宙膨胀理论；用宇宙膨胀理论解释夜晚的天空为什么是黑色的。

表 2-33 探 究 方 案

方 案 要 素	主 要 内 容
探究目标	
创意物化	
主要步骤	
采取方法	
实践空间	
展示交流	

3. 自主探究

（1）解密"红移"。

① 恒星的光的颜色与哪个物理特征相关？

_____

② 可见光在电磁波谱中的波长范围与颜色的对应关系如何？

③ 我们观测到绝大部分恒星在远离地球,其可见光的波长会变长。那么,它的颜色将会发生怎样的变化?

（2）了解哈勃定律。

① 查询资料,了解公式 $v=zc$ 中不同字母表示的含义,并写出这个公式的主要用途。

② 天文学家哈勃发现,在宇宙间,不仅绝大部分星系正在远离地球,而且它们的退行速度和与地球的距离成正比,这个定律称为哈勃定律: $v=Hd$。

写出公式 $v=Hd$ 中不同字母表示的含义。

（3）制作一个展示模型。

利用气球,设计制作一个表示宇宙膨胀过程的模型。记录制作需要的材料、工具、过程,并指出注意事项。

材料:_____

工具:_____

制作过程:_____

注意事项:_____

（4）展示推介。

4. 科学解释

宇宙"大爆炸"是一个既简单又符合观测结果的理论。该理论认为,我们观测到的宇宙并不是无始无终的,它由一个致密炽热起源"奇点"开始,随着时间不断推移,宇宙空间不断膨胀,同时温度不断下降,如同一次规模巨大的爆炸。直到现在,残留宇宙空间的温度约为 3 K(开尔文),这便能解释天文学界"3K 宇宙微波背景辐射"的由来。

从某种程度上来说,宇宙的膨胀有些像气球的充气过程。随着气球不断膨胀,气球上任意两点之间的距离不断增加。如果固定其中一点,你会发现气球上的所有点都在离这个固定点越来越远;同时,离这个点越远的点,离开的速度越快。由此,大爆炸理论也就解释了红移现象:由一个遥远的星系上发出的光需要更长时间才能到达地球,在光行进的时间里,宇宙的膨胀会把光的波长向红色端拉长;星系越远,这个过程越显著。

正是运用大爆炸理论,我们估算出了宇宙的年龄。先由观测到的最远星系的红移速度,推测出星系的退行速度;然后反向推算,计算其回到原点所需的时间,便可得出我们观测到的宇宙的年龄——约 138 亿年。

5. 拓展活动

你还知道哪些关于宇宙膨胀理论的科学证据?请罗列并解释其如何证明宇宙是在膨胀的。

有人说,星体在浩渺宇宙中的运行是符合某种音乐旋律的。虽然这种表现太空景象的音乐难以琢磨,但也曾经出现过不少,有些确实让人一听就能联想到宇宙的广袤。请收集、精选这类音乐,让同学感受和评判。

6. 激励评价

	等　　第	简　要　评　语
全程参与程度		
作品优良程度		
观点创新程度		

第三章

"航创：未来航海家"综合课程

第一节　"航创"课程的设计

一、课程背景

上海市澧溪中学的学生虽然身处沿海城市，但是对海洋与航海知识比较缺乏。鉴于学生对这方面的知识有较大的兴趣，同时考虑到海洋与航海知识对于培养学生的科学精神、动手能力、小组合作、跨界学习均有很大的活动空间，因而开发这门课程势在必行。

"未来航海家"课程（"航创"课程）主要依托市教委《基于区域特色的学校综合课程创造力培养研究与实践》项目，秉承上海市澧溪中学"怀德有礼、遇见美好"的办学理念，结合航海教育特色，学校利用综合课程推进这一契机，充分挖掘自身教育资源的优势，同时又结合上海市海事大学附属北蔡中学优质课程资源，故将"航创"课程立为学校综合课程的主干课程。

二、课程定位

"未来航海家"课程是上海市澧溪中学综合课程三大维度之一。它是基于真实情境开发的系列课程，具有认知性、体验性、操作性、创造性于一体的课程性质，贯穿于六、七、八年级。

内容包括四个模块。模块一：少年航海梦，模块二：铺筑丝绸路，模块三：海洋竞逐舟，模块四：描绘新蓝图。

课程分为三大学习层次：

第一层次（溪课程）包括第一模块和第二模块，定位于通识课程内容，面向六年级全体开放。

第二层次(江课程)包括第三模块,定位于探究课程内容,面向社团学生开放。

第三层次(海课程)包括第四模块,定位于实践课程内容,面向特需学生开放。

三、课程价值

（一）有利于对知识的认知与问题的探索

在"未来航海家"课程中,能够增强学生对海洋与航海知识的了解与认知,从而建立一定的概念与常识,进而在真实情境中提出疑问,探索并形成可研究的问题,对发现的问题展开探索和调查。在探索中,能够保持开放、积极乐观的心态,接受各种可能性、接受可能形成的"有效"失败,不断探索新的可能性。在过程中,能够形成一套分析、发现、创造的技术,并反复加工凝练,提升创意,从而实现在操作层面的可行性。

（二）有利于对国情国策的了解

"未来航海家"课程涉及国家的海洋发展战略、"一带一路"倡议等。通过学习,学生能够进一步了解国情与国策,开拓改革开放的国际视野,理解和平与发展的深远意义,从而树立正确的全球观。

（三）有利于培养合作与担当精神

"未来航海家"课程中的众多活动与作品的完成,均需要集体的智慧与团队合作,同时也要求每个学生具有负责与创新精神,因此课程的参与过程中,能够养成团队合作的习惯,培养个人的责任感。

（四）有利于学习和掌握现代技术

"未来航海家"课程需要依靠设计、绘图、制作及软件应用的技术,通过作品的完成,可以使学生更加熟悉与灵活运用各种技术。

（五）有利于培养高阶思维能力

"未来航海家"课程需要在思维方面打破常规化的结果导向型模式,尝试发现问题、探索问题、解决问题、再次发现问题、解决方案迭代的循环迭代型模式,形成整体思考、反思、创新、评价的思维模式。在创新方面有利于挖掘学生的个人潜能,发挥自己所长,激发开启创造力的兴趣,从而达到提升创新思维、创想空间、创作平台、创造能力的目的。

四、课程纲要

"未来航海家"课程纲要

课程名称	未来航海家			课程类型	综合课程	
适用年级	六、七、八年级	**总课时**	62	课程对象	溪课程：全体学生 江课程：社团学生 海课程：特需学生	
课程目标	1. 学生通过慕课与参观博物馆，学习海洋与航海知识，建立一定的概念。基于认知，在真实情境中提出疑问，探索并形成可研究的问题；对形成的问题展开探索和调查。 2. 学生通过了解海上丝绸之路，领略沿线国家与港口的地理风貌，感受重走"一带一路"的重要价值，理解和平与发展的战略意义。 3. 学生通过收集资料，初步掌握船舶发明与发展的历史轨迹，并通过动手制作模型，提高自主设计与创造的能力，并培养团队合作精神。 4. 学生运用信息技术，绘制航海图与3D打印船舶模型，进一步提升现代技术运用的意识与能力。 5. 学生通过个性化的作品设计与完成过程，提高审美情趣与艺术表现力，并在生生互评、成果分享、反思改进中不断完善自我，超越自我。					
课程实施	**模块主题 (课时)**	**单元主题 (课时)**	**学 习 内 容**		**活 动 实 施**	
	模块一： 少年航海梦 (12)	第一单元 航海慕课(6)	1. 地球是海的星球 2. 大洋把各洲相连 3. 浩瀚的蓝色国土 4. 人类梦想的家园		1. 观看慕课视频，认真做好记录，提出困惑与问题。 2. 小组讨论，汇报体会。 3. 根据慕课要求，开展各种活动。	
		第二单元 走近中国航海博物馆(6)	1. 探索大海 2. 探秘船舶 3. "云游"全球 4. 航海文明展		1. 通过参观博物馆，认识海洋，了解航海、航船与海洋之间的关系。 2. 了解航海的历史与背景，掌握船舶对航海的影响。	
	模块二： 铺筑丝绸路 (22)	第三单元 中国古代海上丝绸之路 (6)	1. 海上丝绸之路的概述 2. 海上丝绸之路的历史发展 3. 海上丝绸之路的交融与辉映		1. 收集有关中国古代海上丝绸之路的发展、演变与影响的资料和图片。 2. 讲述航海对于世界文化融合作用的故事。 3. 观看关于郑和下西洋的视频，交流观后感。	
		第四单元 重塑"一带一路"(6)	1. "一带一路"倡议概述 2. 中国发展"一带一路"的目的和意义 3. 资源与和平的关系		1. 了解"一带一路"倡议及中国发展"一带一路"的目的和意义，并制作小报。 2. 观看有关视频，领略我国海洋新丝路的风光。 3. 制作思维导图，认识资源与和平的关系，感受中国的海洋战略新思路。	

模块主题（课时）	单元主题（课时）	学 习 内 容	活 动 实 施
模块二： 铺筑丝绸路 （22）	第五单元 海上丝绸之路 的沿线国家 （6）	1. 印度尼西亚 2. 沙特阿拉伯 3. 意大利 4. 坦桑尼亚	1. 查看地图，找出海上"一带一路"的沿线国家有哪些。 2. 查找资料，说说这些国家的地理位置、气候、地形、物产等。 3. 通过自学与小组讨论，完成对印度尼西亚、沙特阿拉伯、意大利、坦桑尼亚等国家主要概况的学习。
	第六单元 海上丝绸之路 的明珠——港 口（4）	1. 上海 2. 广州 3. 香港 4. 新加坡	1. 观看反映世界十大港口风貌的纪录片。 2. 参观上海港，感受港口对于海上"一带一路"的影响和意义。 3. 收集我国和世界著名港口的货物吞吐量、集装箱数量、进出口货物种类等信息资料，并做成统计图表。
模块三： 海洋竞逐舟 （16）	第七单元 船舶的发展 （4）	1. 船舶的发明与发展 2. 船舶的种类与功能 3. 造船"黑科技"	1. 引导学生网上收集关于船舶发明与发展的史料。 2. 学生制作PPT介绍船舶的种类与功能。 3. 收集造船科技新发展的资料，感受新技术的魅力，激发创新设计船舶的兴趣。
	第八单元 船舶的建造 （6）	1. 船舶与港口 2. 船舶的动力 3. 船舶的转向	1. 运用实验的方法，展示浮力的现象。 2. 用简单的材质，尝试制作船舶模型。 3. 通过观看视频，了解船舶的动力与转向。
	第九单元 帆船模型的 主题制造与 美化（6）	1. 中西方帆船的特点 2. 帆船模型的美化	1. 观看图片，对比中西方帆船的特点与差异。 2. 团队合作设计帆船并美化。 3. 运用联想、发散、归纳等思维方法，对形象进行组合、置换、变异、转化等创意练习。
模块四： 描绘新蓝图 （12）	第十单元 小试牛刀出 作品（8）	1. Scratch软件的界面介绍 2. 动画界面的任务分解 3. 分析角色剧本 4. 3D打印技术与操作	1. 通过观看动画成片，了解Scratch软件的操作、创编，体验并绘制航线图。 2. 在小组合作中，根据需求完成个性化的作品，如3D打印自己设计的船舶等。

（最左侧跨行单元格：课程实施）

	模块主题 （课时）	单元主题 （课时）	学 习 内 容	活 动 实 施
课程 实施	模块四： 描绘新蓝图 （12）	第十一单元 述说航海未 来(4)	1．海洋的未来发展 2．人类的航海进展	1．用语言表达自己对未来海洋前景的憧憬。 2．用摄影、3D动画等技术展现航海的新蓝图。
学习 评价	一、小组学习评价 　　（一）过程评价 　　　　根据小组活动开展情况,确定有没有形成合作学习的习惯以及讨论与探究问题是否踊跃。 　　（二）结果评价 　　　　1．演讲内容（满分10分） 　　　　　（角色职责清晰、内容明确具体、深入实践） 　　　　　A非常好9—10分 　　　　　B比较好6—8分 　　　　　C一般3—5分 　　　　2．演讲表现（满分10分） 　　　　　（语言流畅、神情自信、举止礼貌大方） 　　　　　A非常好9—10分 　　　　　B比较好6—8分 　　　　　C一般3—5分 　　　　3．作品展示（满分10分） 　　　　　（作品设计独特、内容符合科学、外表具有美感） 　　　　　A非常好9—10分 　　　　　B比较好6—8分 　　　　　C一般3—5分 二、个人学习评价 　　（一）过程评价 根据活动单完成情况,确定有没有养成相关的学习习惯以及学习过程是否扎实。 　　（二）结果评价 　　　　1．作品展示（满分10分） 　　　　　（作品设计独特、内容符合科学、外表具有美感） 　　　　　A非常好9—10分 　　　　　B比较好6—8分 　　　　　C一般3—5分 　　　　2．小论文撰写 　　　　　（观点阐述正确、论点论据吻合、文字流畅） 　　　　　A非常好9—10分 　　　　　B比较好6—8分 　　　　　C一般3—5分 　　　　3．答辩表现 　　　　　（仪表、精神面貌、三观端正、口语表达、项目介绍逻辑性、应变能力） 　　　　　A非常好9—10分 　　　　　B比较好6—8分 　　　　　C一般3—5分			

第二节 "航创"课程选例

一、中国古代海上丝绸之路

学习内容:了解认识中国古代海上丝绸之路;中国古代海上丝绸之路对于周边国家影响。

设计意图:培养学生历史时空意识;引导学生依据历史知识自主搜集整理的能力;感受发达的海上交通加强了各地区各民族经济、科技文化的交流,同时也成为中国融入世界的桥梁。发展学生的创造力。

学习目标:本模块意图让学生针对中国古代海上丝绸之路开展学习,了解中国古代海上丝绸之路对于周边国家影响。

(一) 什么是海上丝绸之路

1. 激发兴趣

你能够说出一些著名的海上航线的路线吗? 说得清这些海上航线发展的过程吗? 讲得清这些海上航线的作用吗? 如果能够对不同大洋进行比较和评价,那就更有水平了。

打算研究的是:_____

打算比较的是:_____

打算制作的大事年表是:_____

2. 形成方案

针对感兴趣的问题,参考下面的案例,设计一个探究方案(见表3-1)。

走进汉代海上丝绸之路

探究目标:详细介绍汉代海上丝绸之路。

创意物化:制作汉代海上丝绸之路的资料表。

主要步骤:① 明确汉代海上丝绸之路的路线;② 探究汉代海上丝绸之路的发展特点;③ 探究汉代海上丝绸之路的作用。

采取方法：文献检索法、撰写。

实践空间：拥有互联网＋设备、虚拟交流平台。

展示交流：展示汉代海上丝绸之路的介绍表，阐释其意义；线下线上交流评价。

表 3-1 探 究 方 案

方 案 要 素	主 要 内 容
探究目标	
创意物化	
主要步骤	
采取方法	
实践空间	
展示交流	

3. 自主探究

(1) 走进汉代海上丝绸之路(或其他路线)。

① 汉代海上丝绸之路(或_____)的路线：

_____

_____

② 汉代海上丝绸之路的发展特点：

_____

_____

③ 汉代海上丝绸之路的影响：

_____

_____

④ 上述认识的文献来源：

_____

_____

(2) 制作一张资料表。

将撰写所需要的材料、工具、过程记录下来，指出注意事项。

材料：_____

工具：_____

制作过程:_____

_____

_____

注意事项:_____

或者运用数字技术做汉代海上丝绸之路的资料表。如果有这个兴趣,可以将设想(含所需条件)和过程进行简要记录。

(3) 展示推介。

4. 科学解释

海上丝绸之路,是古代中国与外国交通贸易和文化交往的海上通道,也称"海上陶瓷之路"和"海上香料之路",1913 年由法国的东方学家沙畹首次提及。

海上丝绸之路萌芽于商周,发展于春秋战国,形成于秦汉,兴于唐宋,转变于明清,是已知最为古老的海上航线。中国古代海上丝绸之路分为东海航线和南海航线两条线路,其中主要以南海为中心。

这条起始于公元前 2 世纪的海上丝绸之路,随着中国古代造船业的发展而不断发展,一直延续到 15 世纪郑和下西洋时代,促进了中国与沿线各国的经贸往来和文化交流。

5. 拓展活动

对于南朝海上丝绸之路和唐代海上丝绸之路两条路线,也可以作些类似的探索,先请按表 3-2 填空要求来尝试一下。

表 3-2 南朝海上丝绸之路和唐代海上丝绸之路

比 较 项	南朝海上丝绸之路	唐代海上丝绸之路
具体路线		
周边国家		
发展特点		
历史影响		

请对郑和下西洋路线作些要点介绍。

_____

_____

_____

6. 激励评价

	等　第	简　要　评　语
全程参与程度		
作品优良程度		
观点创新程度		

（二）海上丝绸之路是如何发展的

1. 激发兴趣

你知道胡椒是如何传入中国的吗？胡椒是通过海上丝绸之路传入中国的。你能说出海上丝绸之路主要分为哪些航线吗？知道主要的进出港吗？说得清航线之间的区别吗？如果能够借助这些资源绘制一份中国古代海上丝绸之路的小报，那就更有水平了。

打算研究的海上航线是：_____

打算绘制的小报主题是：_____

2. 形成方案

针对感兴趣的问题，参考下面的案例，设计一个探究方案（见表3-3）。

海上丝绸之路主要航线——东海航线

探究目标：东海航线的相关信息。

创意物化：制作海上丝绸之路东海航线的调研报告。

主要步骤：① 探究东海航线的主要路线；② 结合主要港口说明海上丝绸之路的价值；③ 制作东海航线的调研报告。

采取方法：文献检索法。

实践空间：拥有互联网＋设备、虚拟交流平台。

展示交流：展示东海航线的调研报告，解说其意义；线下线上交流评价。

表 3-3 探 究 方 案

方 案 要 素	主 要 内 容
探究目标	
创意物化	
主要步骤	
采取方法	
实践空间	
展示交流	

3. 自主探究

(1) 走进东海航线(或另一主要航线)。

① 东海航线(或_____)的路线介绍：

_____

_____

② 东海航线的主要进出港口：

_____

_____

③ 此港口的主要历史地位：

_____

_____

④ 上述认识的文献来源：

_____

_____

(2) 绘制一张海上丝绸之路的小报。

将制作所需要的材料、工具、过程记录下来，指出注意事项。

材料：_____

工具：_____

制作过程：_____

注意事项：_____

或者运用数字技术做海上丝绸之路小报。如果有这个兴趣，可以将设想(含所需条件)和过程进行简要记录。

（3）展示推介。

4. 科学解释

你知道海上丝绸之路的代表港口泉州的历史吗？

泉州，西方称之为"刺桐"，在海上丝绸之路的高峰期（12—14世纪），也是古代中国在中外贸易中居主导地位的时期，作为东西方国际贸易网的东方支撑点，占有重要独特的历史地位。古代泉州府的管辖范围包括如今的泉州、厦门、金门、钓鱼岛、澎湖及台湾。古泉州港有"四湾十六港"之称。"四湾"：泉州湾、深沪湾、围头湾、湄洲湾，每个港湾中各有四个支港。在《马可·波罗游记》里，泉州港被誉为东方第一大港，深受《马可·波罗游记》影响的哥伦布致志寻找东方新航路，在意外发现美洲时还以为终于到了泉州。

你知道海上丝绸之路主要进出口的物品有哪些吗？

· 出口：自中国出发的货物主要有丝绸、茶、瓷器、金、银、书籍等。

· 进口：运到中国的货物主要有琉璃、猫眼石、明珠、象牙、香料、金银、宝石、水晶、玛瑙、琥珀、骆驼皮、乳香、没药、安息香、沉香、檀香、芦荟、胡椒等。

如果让你来对进出口物品进行补充介绍，你会选择哪一物品？如何介绍？

5. 拓展活动

除了海上丝绸之路是对外贸易的重要路径，我们还有陆上丝绸之路。对此，也可以作些类似的探索，先请按表3-4填空要求来尝试一下。

表 3-4 陆上丝绸之路和海上丝绸之路

比 较 项	陆上丝绸之路	海上丝绸之路的南海航线
形成时期		
主要途径国家		
主要进出口物品		
主要交通工具		

请查阅资料，对某一进出港口城市的海上丝绸之路申遗点作简要介绍。

6. 激励评价

	等 第	简 要 评 语
全程参与程度		
作品优良程度		
观点创新程度		

（三）海上丝绸之路是如何促进文明发展交流的

1．激发兴趣

在了解了中国古代海上丝绸之路及其具体的路线、港口、国家、物品后，思考讨论：你认为海上丝绸之路是如何促进文明交流的？都对哪些方面产生了影响？如果可以将想法进行记录，形成解说稿那就更有水平了。

打算研究的内容是：_____

打算分享交流的主题是：_____

2．形成方案

针对感兴趣的问题，参考下面的案例，设计一个探究方案（见表3-5）。

海上丝绸之路的影响——经济方面

探究目标：海上丝绸之路对经济方面的影响。

创意物化：制作海上丝绸之路对经济方面影响的解说稿。

主要步骤：① 探究海上丝绸之路对经济方面的影响；② 从东方、西方两个方面来进行论述；③ 撰写海上丝绸之路对经济方面的影响解说稿。

采取方法：文献检索法。

实践空间：拥有互联网＋设备、虚拟交流平台。

展示交流：展示海上丝绸之路对经济方面的影响解说稿并解说；线下、线上交流评价。

表3-5 探究方案

方 案 要 素	主 要 内 容
探究目标	
创意物化	
主要步骤	
采取方法	
实践空间	
展示交流	

3．自主探究

（1）走进（或另一方面）。

① 海上丝绸之路对经济（或_____）方面的影响：

② 海上丝绸之路对文化方面的影响：

③ 被影响的代表性国家：

④ 上述认识的文献来源：

（2）绘制一张海上丝绸之路的思维导图。

将制作所需要的材料、工具、过程记录下来，指出注意事项。

材料：

工具：

制作过程：

注意事项：

或者运用数字技术做海上丝绸之路思维导图。如果有这个兴趣，可以将设想（含所需条件）和过程进行简要记录。

（3）展示推介。

4. 科学解释

你知道"一带一路"吗？

"一带一路"（The Belt and Road，缩写 B&R）是"丝绸之路经济带"和"21 世纪海上丝绸之路"的简称，2013 年 9 月和 10 月由中国国家主席习近平分别提出建设"新丝绸之路经济带"和"21 世纪海上丝绸之路"的合作倡议。依靠中国与有关国家既有的双多边机制，借助既有的、行之有效的区域合作平台，"一带一路"旨在借用古代丝绸之路的历史符号，高举和平发展的旗帜，积极发展与沿线国家的经济合作伙伴关系，共同打造政治互信、经济融合、文化包容的利益共同体、命运共同体和责任共同体。

2015 年 3 月 28 日，国家发展改革委、外交部、商务部联合发布了《推动共建丝绸之路经济带和 21 世纪海上丝绸之路的愿景与行动》。

"一带一路"经济区开放后，承包工程项目突破 3 000 个。2015 年，中国企业共对"一带一路"相关的 49 个国家进行了直接投资，投资额同比增长 18.2%。2015 年，中国承接"一带一路"相关国家服务外包合同金额 178.3 亿美元，执行金额 121.5 亿美元,同比分别增长42.6%和23.45%。2016年6月底,中欧班列累计开行1881列,其中回程502列,实现进出口贸易总额170亿美元。

截至2022年12月,中国已与150个国家、32个国际组织签署200多份共建"一带一路"合作文件。

如果让你来对"一带一路"的介绍进行补充,你会选择补充哪些内容?

5. 拓展活动

海上丝绸之路不仅对经济方面产生影响,还对文化、政治等方面有着极大的意义。对此也可以作些类似的探索,先请按表3-6填空要求来尝试一下。

表3-6 陆上丝绸之路对文化和政治的影响

比 较 项	文 化	政 治
主要影响时期		
主要影响的国家		
主要内容		
主要评价		

如果你是一名旅行家,你会如何规划重走海上丝绸之路的旅行方案? 请以图片、文字等形式展示你的海上丝绸之路旅行。

6. 激励评价

	等 第	简 要 评 语
全程参与程度		
作品优良程度		
观点创新程度		

二、重塑"一带 路"

学习内容:认识"一带一路";了解中国发展"一带一路"的目的和意义;了解资源与和平的关系。

设计意图:培养学生的政治意识;引导提升学生依据政治知识自主搜集整理的能力;通过绘制小报与思维导图等,发展学生的创造力;让学生深入了解"一带一路",充分认识"一带一路"建设对我国发展的重大战略意义。感受国家的发展与进步,树立民族自信心,增强为世界和平与发展做出贡献的意识和愿望。

学习目标:本模块意图让学生针对"一带一路"展开学习,认识"一带一路"是扩大和深化对外开放,促进共同发展、实现共同繁荣、文明互鉴的重大举措。

(一)什么是"一带一路"

1. 激发兴趣

什么是"一带一路"?有同学了解过吗?

"一带一路"是"丝绸之路经济带"和"21世纪海上丝绸之路"的简称。2013年9月和10月由中国国家主席习近平分别提出建设"新丝绸之路经济带"和"21世纪海上丝绸之路"的合作倡议。依靠中国与有关国家既有的双多边机制,借助既有的、行之有效的区域合作平台,"一带一路"高举和平发展的旗帜,积极发展与沿线国家的经济合作伙伴关系,共同打造政治互信、经济融合、文化包容的利益共同体、命运共同体和责任共同体。

2. 形成方案

针对感兴趣的方面,参考下面的案例,设计一个探究方案(见表3-7)。

某小组的"一带一路"小报

探究目标:充分认识"一带一路"建设对我国发展的重大战略意义。感受国家的发展与进步,树立民族自信心。

创意物化:制作解读"一带一路"的小报。

主要步骤:① 探究"一带一路"提出的背景及其要义;② 将设想和过程进行简要记录,进行分享交流;③ 分工搜集整理资料图片。

采取方法:文献检索法、小组合作法。

实践空间:拥有互联网+设备、虚拟交流平台。

展示交流:展示"一带一路"小报,解说其意义;线下线上交流评价。

表 3-7 探 究 方 案

方 案 要 素	主 要 内 容
探究目标	
创意物化	
主要步骤	
采取方法	
实践空间	
展示交流	

3. 自主探究

(1) 走近"一带一路"。

① 推进"一带一路"的根本原则：

_____

② 三大共同体：

_____

③ 四大理念：

_____

④ 五大共通模式：

_____

⑤ "六廊六路多国多港"的主体框架：

_____

⑥ "一带一路"建设目标：

_____

(2) 做一个思维导图。

思维导图常常应用在道德与法治课程中，请设计制作关于"一带一路"的思维导图。

将制作所需要的材料、工具、过程记录下来，指出注意事项。

材料：_____

工具：_____

制作过程：_____

_____

注意事项：_____

如果有这个兴趣，可以将设想(含所需条件)和过程进行简要记录。

(3) 展示推介。

4. 科学解释

"一带一路"不是古丝绸之路的简单升级，而是借用古丝绸之路的历史符号，融入了新的时代内涵；"一带一路"更不是"带"和"路"的地理概念，而是中国向世界提供的国际合作平台和公共产品，是一项开放包容的经济合作倡议。

中国提出共建"丝绸之路经济带"和"21世纪海上丝绸之路"的重大倡议，是扩大和深化对外开放的重大举措，也是加强和亚欧非及世界各国互利合作、促进共同发展、实现共同繁荣、文明互鉴的重大举措。

"一带一路"建设坚持开放合作、和谐包容、市场运作和互利共赢的基本原则，旨在促进经济要素有序自由流动、资源高效配置和市场深度融合，推动沿线各国实现经济政策协调，开展更大范围、更高水平、更深层次的区域合作，共同打造开放、包容、均衡、普惠的区域经济合作架构。

共建"一带一路"符合国际社会的根本利益，彰显人类社会共同理想和美好追求，是国际合作以及全球治理新模式的积极探索。

5. 拓展活动

假如我是外交部发言人

在了解中国国情及"一带一路"的根本原则、建设目标、发展目的和意义等后，请对外国记者的提问"中国想通过'一带一路'进行军事扩展吗？为什么？"进行反驳。可以将想法进行简要记录，随后进行分享交流。

6. 激励评价

	等　　第	简　要　评　语
全程参与程度		
作品优良程度		
观点创新程度		

三、海上"一带一路"的沿线国家和港口

学习内容：认识海上"一带一路"的沿线国家；了解沿线国家的自然地理环境和社会人文环境；认识海上"一带一路"的沿线港口；了解上海港对海上"一带一路"的影响和意义。

设计意图：通过海上"一带一路"沿线国家和港口的学习，认识世界局势和文化，进一步增强国际视野和中华文化认同感；通过制作沿线国家专栏、地图等，进一步增强动手能力、创新能力和团队协作能力。

学习目标：认识海上"一带一路"的沿线国家；了解新加坡和沙特阿拉伯的自然地理环境和社会人文环境；通过小组合作，利用中国"一带一路"网站相关信息，制作沿线国家专栏；通过上海港的变迁史，分析上海港的区位条件，感受上海港对于海上"一带一路"的影响和意义。

（一）海上"一带一路"沿线的国家

1. 激发兴趣

2013年中国国家主席习近平提出建设"一带一路"合作倡议，旨在高举和平发展

的旗帜，积极发展与沿线国家的经济合作伙伴关系，共同打造政治互信、经济融合、文化包容的利益共同体、命运共同体和责任共同体。

截至 2022 年 12 月，已有 65 个国家加入"一带一路"合作倡议，已有 150 个国家、32 个国际组织签署 200 多份共建"一带一路"的合作文件。

2. 形成方案

沿线国家——新加坡

新加坡位于东南亚，面积很小，是世界上独一无二的城市岛国，更是"一带一路"上重要的支点国家。

新加坡位于赤道附近，全年高温多雨，属于热带雨林气候，树木四季常青，鲜花不绝。

新加坡扼守着马六甲海峡的进出口要道，从欧洲、非洲、西亚、南亚到东亚的航船都要经过这里，地理位置十分重要，有"东方十字路口"之称。

新加坡的海港港阔水深，风平浪静，可以同时停泊多艘大型轮船，是太平洋与印度洋之间的航运中转站，航运十分繁忙，是世界海运交通中心之一。

新加坡是一个移民国家，人口以华人为最多，华人占全国人口的 74%。人口较多的还有马来人、印度人。由于华人多，新加坡有很多华语学校，推行中国大陆的普通话，使用汉字简化字。汉语也是新加坡的官方语言之一。

想一想：新加坡很小，但为何能成为"一带一路"上重要的支点国家？请选取一个你认为最重要的方面进行阐述，并与同学分享交流。

沿线国家——沙特阿拉伯

沙特阿拉伯是西亚北非地区最大的经济体，也是石油输出国组织（OPEC）、世界贸易组织（WTO）重要成员国。沙特阿拉伯是中国最大的原油供应国之一，2019 年中沙双边贸易额达 780.4 亿美元，中沙两国经济互补性强，合作潜力巨大，发展前景广阔。

沙特阿拉伯的居民大多数是阿拉伯人，阿拉伯人普遍信仰伊斯兰教，伊斯兰教徒通称穆斯林。

沙特阿拉伯的麦加是伊斯兰教的发源地，世界穆斯林的朝拜中心。一年一度的麦加朝觐活动，规模盛大。

3. 自主探究

比一比：根据图 3-1，分析对比后完成以下填空。

利雅得最热月气温为_____℃，最冷月气温为_____℃，年降水总量_____。是典型的_____气候类型。

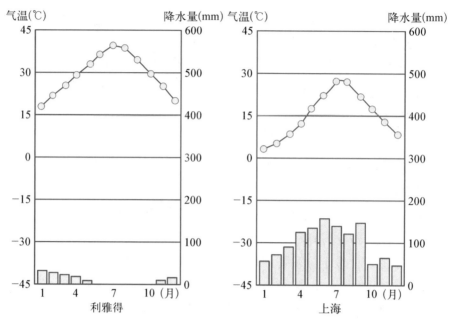

图 3-1　某年沙特阿拉伯首都利雅得与中国上海的气温与降水量

上海最热月气温为_____℃,最冷月气温为_____℃,年降水总量_____。是典型的_____气候类型。

4. 科学解释

阿拉伯男子的传统打扮是身穿长袍,头戴头巾。长袍多为白色,十分宽大,头巾则有不同颜色。看上去这种服装与当地炎热的沙漠气候不相协调,好像应该穿短裤背心才对。其实穿长袍是有道理的:那里风沙很多,头巾长袍可以挡住风沙对身体的袭击,宽松的白色长袍能反射阳光,又能很好地通风,比阳光直接照射在身体上舒服多了。

沙特阿拉伯气候炎热干燥,属热带沙漠气候。7 月平均气温为 30—35℃,内地最高气温可达 50℃以上。降水量很少,年平均降水量多在 50 毫米以下。沙特阿拉伯境内有大片沙漠,沙漠面积占全国面积一半,被称为阿拉伯半岛上的"沙漠王国"。

石油是沙特阿拉伯最重要的资源,它的石油储量占世界总储量的 1/4 以上,居世界第一位。目前,沙特阿拉伯石油产量和出口量都居世界第一,是有名的"石油王国"。沙特阿拉伯原来是一个贫穷落后的国家,石油出口为沙特阿拉伯带来了巨额财富,石油收入还成为其他经济部门发展的基础。

5. 拓展活动

试一试:查阅我国超大型油轮"凯征号"的相关信息,结合"中东地区石油运输线路图",想一想沙特阿拉伯加入"一带一路"倡议对我国有什么积极意义?请选取一个你认为最重要的方面进行阐述,并与同学分享交流。

6. 激励评价

	等　第	简　要　评　语
全程参与程度		
作品优良程度		
观点创新程度		

(二) 海上"一带一路"沿线的港口

1. 激发兴趣

港口是位于海、江、河、湖、水库沿岸,具有水陆联运设备以及条件以供船舶安全进出和停泊的运输枢纽,也是工农业产品和外贸进出口物资的集散地,船舶停泊、装卸货物、上下旅客、补充给养的场所。

2. 形成方案

想一想:2004—2018 年间,世界十大港口的排名发生了怎样的变化? 造成这种变化的原因是什么?

_____

_____

_____

3. 自主探究

试一试:在地图上标注青龙港、十六铺、外高桥、洋山深水港,并思考上海港的变迁原因。

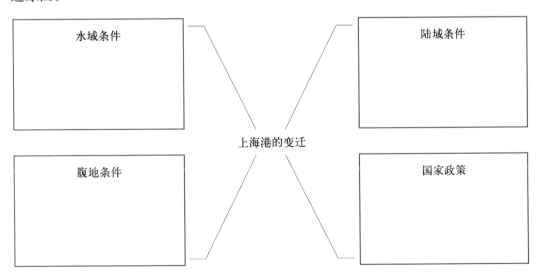

图 3-2　上海港的变迁

4．科学解释

第一次鸦片战争后，根据不平等的《南京条约》和《五口通商章程》，1843 年 11 月 17 日，上海正式开埠。到 1858 年，进港口的外籍船舶已达 754 艘。

中华人民共和国成立后，上海是全国的经济贸易中心，上海港经过三年恢复，生产迅速发展，1952 年，货物吞吐量达到 560 万吨。

党的十一届三中全会后，上海港生机一片：建成宝山、龙吴、外高桥、罗泾、朱家门等多个大型新港，改造和扩建近百个老泊位，增加吞吐能力几千万吨。

2019 年 7 月 20 日凌晨 2 时 30 分，世界上最大的集装箱船"地中海古尔松"安全靠泊上海洋山深水港。这条船长 399.9 米，宽 61.5 米，载重量 22 万吨，它在洋山港卸下 2 000 多个集装箱。上海港又创造了新纪录。

5．拓展活动

做一做：以小组为单位，选择一个海上"一带一路"的沿线国家，利用中国"一带一路"网站相关资源，制作专栏。专栏内容包括地理位置、气候条件、航海条件、经济条件、人口条件、自然资源条件等，以及该国加入"一带一路"倡议对我国的积极意义。

6．激励评价

	等　　第	简　要　评　语
全程参与程度		
作品优良程度		
观点创新程度		

四、船舶与港口

学习内容："船舶与港口"课程属于市教委《基于区域特色的学校综合课程创造力培养研究与实践》项目"未来航海家"课程，定位于学生创造力的探究与实践，对接初中物理课程内容，船舶建造及初中地理课程内容等相关拓展内容。综合利用船舶模型、创新实验室等教学资源，了解船舶航行的特点，认识港口对船舶的影响。

设计意图：通过设计与制作船舶模型，提高学生的思维能力、动手能力、创新能力,感受物理、地理等学科与我们的生活间的联系,学科知识源于生活又应用于生活,为我们的生活提供了便利。该课程实现了跨学科融合,强调学生的团队合作、深度参与、科学探究的主体地位,注重培养学生的创新能力和科学精神。

学习目标:通过模拟船舶载重实验,探究吃水线与载重量的关系,能归纳得出初步结论;查阅港口进出口总量的数据,认识港口对船舶的影响,提高信息提取的能力;通过自主查阅资料与收集材料,经历设计与制作船舶模型的过程,增强动手能力,提高团队合作精神并培养创新意识;通过实验与探究,在探索实验过程中感受科学探究的方法以及科学素养,培养自主探究学习的能力,激发爱国精神。

1. 激发兴趣

在学校"航创"实验室中有一艘非常大的船舶模型(图3-4),你是否有观察过,船身上绘制着许多特殊的数字与符号。你知道它代表什么含义吗?

图3-4 船舶模型

2. 形成方案

针对感兴趣的问题,参考下面的案例,设计一个探究方案(见表3-8)。

探究目标:探究船身上为何会存在载重线;学会提出疑问。

创意物化:制作能够载物前进的船舶模型。

主要步骤:① 船舶的最大载重线是如何确定下来的呢? ② 我们能不能将这个载重线向上或向下移动? 如果移动了会发生什么后果? ③ 是不是船舶上装载的货物质量越大越好? ④ 上海为什么能成为世界第一大港?

采取方法:资料检索法、实验探究法。

实践空间:航海创新实验室。

展示交流:根据制作的模型,解释其原理,解说其意义。

表 3-8 探 究 方 案

方 案 要 素	主 要 内 容
探究目标	
创意物化	
主要步骤	
采取方法	
实践空间	
展示交流	

3. 自主探究

(1) 船舶设计。

① 船舶使用的材料：

_____

② 船舶前进的动力来源：

_____

③ 船舶的最大载重量：

_____

(2) 探究吃水线与载重量的关系。

① 对于载重性能测试进行归纳：

_____

② 船身上为何会存在载重线？

_____

③ 载重线标志是否能上移或下移？

_____

(3) 展示推介。

4. 科学解释

TF 表示热带淡水载重线；T 表示热带海水载重线；S 表示夏季海水载重线；WNA 表示北大西洋冬季载重线；W 表示冬季海水载重线；F 淡水载重线。

5. 拓展活动

我们如何能够在保证安全的情况下，提高船舶模型的载重量。请结合本节课所学习的知识，改进你所设计的船舶模型。

记录制作需要的材料、工具、过程,并指出注意事项。

材料: _____

工具: _____

制作过程: _____

_____

_____

注意事项: _____

_____

可以将设想和过程进行简要记录,随后进行分享交流。

6. 激励评价

	等　第	简　要　评　语
全程参与程度		
作品优良程度		
观点创新程度		

五、帆船模型的主题制造与美化

学习内容:教师讲授中西方帆船发展演变的历史和各种形制的帆船的特点,播放相关影片的短视频。教师结合历史和 PPT 展示讲解中式帆船和欧式帆船发展的历史和各自的优缺点,学生通过学习了解中西帆船发展演变的历史、特征和差异。通过对经典影视动画作品中优秀案例的学习、借鉴,完成自己的创新。

设计意图:了解认识古代海上活动的载具——帆船;认识中西方帆船的发展历史、特点、差异;学习借鉴经典影视动画中的案例,提升学生的创新能力;通过学习相关知识,提升学生文化理解的核心素养。

学习目标:本模块意图让学生了解中西方帆船的特点和差异;对帆船的原理和功能有一个大致的了解;并能从各种形制的帆船中提炼出能代表其特点的符号与线条;通过小组合作,能绘制出符合学生审美的船体框架。

1. 激发兴趣

同学们,你们知道古代的人在海上远航乘坐的是什么交通工具吗?它又是如何进行远航的呢?

海洋是人类文明的摇篮,中国这个著名的文明古国,是一个大陆国家,也是一个海洋国家,中华文明是大陆和海洋共同孕育出的世界最古老的伟大文明之一。中华民族以勤劳勇敢和开拓进取精神铸就了古代中国处于世界前列的辉煌航海业绩。

2. 形成方案

你们知道古代中国人和欧洲人在对海洋的探索中都经历了什么吗? 那么我们中国的海上丝绸之路,又是通过什么样的帆船去承载的呢?

小组内针对感兴趣的问题,设计一个探究方案(见表3-9)。

表3-9 探究方案

方案要素	主要内容
探究目标	
创意物化	
主要步骤	
采取方法	
实践空间	
展示交流	

3. 自主探究

(1) 通过查阅资料,尝试归纳出中式帆船的外观特点。

(可用小插图的简笔画形式呈现)

沙船:

福船:

鸟船：

（2）尝试列出欧式帆船的外观特色。

（可用小插图的简笔画形式呈现）

三桨座战船：

柯克船：

卡拉克船：

盖伦船：

（3）说说两者的差异及产生的可能原因。

提示：可以从环境、历史、文化、宗教信仰等角度讨论分析。

_____

_____

_____

（4）制作船体特色装饰的模型（局部）。

记录制作需要的材料、工具、过程，并指出注意事项。

材料：_____

工具：_____

制作过程：_____

_____

_____

注意事项：_____

_____

可以将设想和过程进行简要记录，随后进行分享交流。

（5）展示推介。

4. 科学解释

中国的帆船制造技术起步很早，但是中国作为一个农业国家，航海在后期并未得到重视，也不具备西方海洋文明那样的侵略性，所以在后期的发展中逐渐被西方赶超。中国古代的帆船没有欧式帆船那样拥有繁杂的装饰与强力的火炮，整体上呈现一种平和的姿态。

文化拓展：

唐朝诗人李白《行路难》便有"长风破浪会有时，直挂云帆济沧海"的名句；同朝代的刘禹锡也给好友白居易写了鼓励的话，"沉舟侧畔千帆过，病树前头万木春"广为传诵。宋代大文豪苏东坡更是爱抒发豪情壮志，词作《念奴娇·赤壁怀古》中"谈笑间，樯橹灰飞烟灭"一句，描写三国时期曹军和孙刘联军之大战，气势雄浑磅礴。这里的"樯橹"代指曹军的水军战船，"樯"是挂帆的桅杆，"橹"是摇船的桨，可以推测当时的战船是桨帆结合。

诗人有浪漫，画家有精细。北宋画家张择端的《清明上河图》对帆船有详细的刻画；清宫画院 5 位画家临摹并加上清朝元素的清院本《清明上河图》也有对帆船的描画。

可以将你对中西方帆船的看法与感悟写下，随后进行分享交流。

5. 拓展活动

试一试：相信经过前期的学习归纳大家都已经了解到，中西方帆船在外观设计上都有自己的美学观念,在实用价值上也各自都有优缺点。请同学们结合中西方帆船的外形,尝试绘制出具有个性的帆船外观(黑白线描稿为主,着重结构表现,颜色为辅助效果)。

6. 激励评价

	等　　第	简　要　评　语
全程参与程度		
作品优良程度		
观点创新程度		

六、小试牛刀出作品

学习内容:通过学习实践,利用 Scratch、3D 打印等技术手段,创编交互性数字作品,综合与回顾"海上丝绸之路""一带一路""浮力及船舶建造"等内容。通过作品制作与修改,拓展和完善思维方式,体验新技术学习的一般过程,提高选择合适技术(或工具)来解决实际问题的能力和意识。

设计意图:实现跨学科融合,强调学生团队合作、深度参与、科学探究的主体地位,注重培养学生的创新能力和科学精神。

学习目标:了解 Scratch 软件的操作界面;了解 Scratch 软件创编作品的过程;能够根据需求完成个性化的作品,如 3D 打印自己设计的船舶等;通过学习,使学生在探索实验过程中感受科学探究的方法,提升团队合作的精神以及科学素养,培养学生自主探究学习的能力。

1. 激发兴趣

观看老师播放的动画,思考:这个动画展现了什么,是如何完成的呢? 如果让你来设计,你会怎么做? 可以写下你的看法与感悟,随后进行分享交流。

2. 形成方案

针对感兴趣的问题,参考下面的案例,设计一个探究方案(见表 3-10)。

走进秦朝海上丝绸之路

探究目标:详细介绍秦朝海上丝绸之路。

创意物化:制作秦朝海上丝绸之路的资料表。

主要步骤:① 明确秦朝海上丝绸之路的路线;② 探究秦朝海上丝绸之路的发展特点;③ 探究秦朝海上丝绸之路的作用。

采取方法：文献检索法、网络信息搜集。

实践空间：拥有互联网十设备、虚拟交流平台。

展示交流：展示秦朝海上丝绸之路的介绍表，阐释其意义；线下线上交流评价。

表 3-10　探 究 方 案

方 案 要 素	主 要 内 容
探究目标	
创意物化	
主要步骤	
采取方法	
实践空间	
展示交流	

3. 自主探究

（1）动画界面的任务分解。

舞台——世界地图；角色——坐标点、小船。

（2）分析角色剧本。

坐标点：_____

小船：_____

用到的脚本：_____

（3）展示推荐。

4. 科学解释

Scratch 是美国麻省理工学院开发的一款简易图形化编程工具。这个软件的开发团队称为"终身幼儿园团队"（Lifelong Kindergarten Group）。青少年很喜欢上这个软件，建立起编程的欲望。用户的成品可以通过软件直接发布到官方网站上。官方网站会给每个注册用户开通一个个人空间，放置发布的程序。用户发布后的程序，在官网可以找到。制作中的程序只能在软件环境下运行，发布后的程序则是在网页内运行的。就是说，用户的作品可以通过网络被很多人看到。官方网站具有交友和评论的功能。国内亦有类似官网发布程序后在网页内运行的网站，方便国内用户对作品进行交流。

5. 拓展活动

结合本节所学，自主总结 Scratch 绘制技巧。

6. 激励评价

	等　　第	简　要　评　语
全程参与程度		
作品优良程度		
观点创新程度		

第四章

"融创：未来创业家"综合课程

第一节 "融创"课程的设计

一、课程背景

上海市澧溪中学的学生大部分在入校前没有接受过财经或金融类的课程培训，有些学生家长的财经知识也很薄弱，而财经素养对学生综合素养的正向影响颇大。

"未来创业家"课程（"融创"课程）主要依托市教委《基于区域特色的学校综合课程创造力培养研究与实践》项目，秉承上海市澧溪中学"怀德有礼、遇见美好"的办学理念，结合金融教育特色，充分关注学生的好奇心、想象力、求知欲，开展情境创设、问题导向的互动式、启发式、探究式与体验式教学，推动创新创造教育，激发学习和探究的兴趣，提升学生金融方面的创新精神和实践能力，培养拥有"未来创业家"潜质的时代君子。

二、课程定位

"未来创业家"课程是上海市澧溪中学综合课程三大维度之一。它是基于真实情境开发的系列课程，具有融认知性、体验性、操作性、创造性于一体的课程性质，贯穿六、七、八年级。

内容包括五个模块。模块一：金融梦想家（激发兴趣＋专业知识学习），模块二：理财小当家（模拟沙盘演练），模块三：财富大管家（博物馆＋银行参访），模块四：澧溪企业家（澧溪中学金融大厅各类展馆创业、沉浸式剧场创业），模块五："少年银行家"（财经嘉年华）。

课程分为三大学习层次。黄、橙、红三种颜色算盘的"档"分别代表该课程的三类模块主题，黄、橙、红三种颜色算盘的"珠子"分别代表参加三类课程的学生。

黄色代表的课程模块（溪课程）定位于通识课程内容，面对六年级所有学生开放，即融课程的第一模块(激发兴趣＋专业知识学习)。

橙色代表的课程模块(江课程)定位于探究课程内容,面对七年级部分通过自选或推选的学生开放,即融课程的第二、三、四模块(模拟沙盘演练,博物馆＋银行参访,澧溪中学金融大厅各类展馆创业、沉浸式剧场创业)。

红色代表的课程模块(海课程)定位于实践课程内容,面对八年级能力优秀、有融创需求的学生开放,即融课程的第五模块(财经嘉年华等)。

三、课程价值

"未来创业家"课程有利于培养学生的金融素养。金融素养包括对具体工作的计划性、行动力和精准度;对金融产品有自由运用的能力;对企业与个人的金融行为有分析能力,可以让资金在个人与企业之间发挥良好作用。概括地说,它有利于培养学生的高度责任感、正确金钱观、敏锐洞察力、智慧领导力、坚毅抗挫力、果断决策力。

"未来创业家"课程有助于提供有效的学习与探究平台。它指向学生创造力培养的学习设计、教学策略、评价量规等,以实现学生创新学习能力、教师创新教学能力、学校创新发展能力三方面协调发展。

四、理论基础

该课程是基于教育学、心理学、管理学、经济学等学科研究的理论支撑,如运用了麦克利兰的冰山模型、皮亚杰的认知发展理论、舒伯的职业生涯发展阶段理论、维果茨基的构建主义学习理论、加德纳的多元智能理论、科尔布的体验式学习模型等理论和模型。同时,由教育部学校规划与建设发展中心测评与论证的 SKEP 财经素养培育体系,也为融创课程开发提供了强有力的理论基础。

五、课程纲要

"未来创业家"课程总纲要

课程名称	未来创业家			课程类型	综合课程
适用年级	六、七、八年级	总课时	68	课程对象	溪课程：全体学生 江课程：社团学生 海课程：特需学生
课程目标	1. 学生通过学习金融知识,激发对财经知识的兴趣,明白银行业在国家中的重要性,理解银行业在社会生活中的作用。 2. 学生通过参与沙盘演练,增加财经专业知识,培养财经思维,提升灵活、变通、创新的财经能力。				

课程目标			3. 学生通过参访博物馆及银行的探究活动,感受银行业与生活的联系,增进对金融行业的了解,提升提出金融问题、分析金融问题、创造性解决问题的能力。 4. 学生通过澧溪中学(年家浜路校区)金融大厅各类展馆设计和"沉浸式剧场"开张,动手动脑、合作创新,把所学知识和技能展现出来,从而提升金融素养与整体素质。 5. 学生通过参与嘉年华活动课程,进入真实场景学习,熟练运营、智慧操作,成为拥有"未来创业家"潜质的时代君子。
课程实施	模块主题 (课时)	单元主题 (课时)	学 习 内 容 活 动 实 施

课程实施	模块主题 (课时)	单元主题 (课时)	学 习 内 容	活 动 实 施
	模块一: 金融梦想家 (激发兴趣+ 专业知识学 习)(10)	第一单元 金融慕课(6)	1. 身边的财务信息 2. 银行与我们的生活 3. 你不理财,财不理你 4. 了解金融风险 5. 规范金融行为 6. 金融业与金融体系	1. 观看慕课视频,认真做好记录,提出困惑与问题。 2. 小组讨论,汇报体会。 3. 根据慕课要求,开展各种活动。
		第二单元 初识金融 (4)	1. 货币及货币的特点 2. 预算、收入和支出 3. 需求和供给 4. 储蓄和投资	1. 运用故事案例,了解货币概念;分组进行头脑风暴,比较得出货币特征;根据案例得出汇率概念。 2. 通过故事案例,理解预算的概念与特征,并分组进行方案设计;对收入进行分类,讨论提高合法收入的途径;创设情境,分析支出的合理性与改进办法。 3. 通过案例了解供给与需求的概念,理解价格和数量之间的变化关系,尝试画出供给需求曲线;通过案例学会互补效应与挤出效应,讨论得出相关方案。 4. 比较投资和储蓄的区别,分析其影响因素;分组讨论:如何合理分配储蓄与投资。
	模块二: 理财小当家 (模拟沙盘演 练)(16)	第三单元 职业兴趣卡 (8)	1. 职业方向 2. 职业分类 3. 职业特点 4. 职业认识的误区 5. 个人兴趣与职业选择 6. 个人能力与职业选择 7. 职业规划方法 8. 职业的稳定性与个人成就的关系	1. 对职业卡片按照兴趣程度从不感兴趣到感兴趣分成几类,从而了解自己感兴趣的职业方向。 2. 联系家庭和亲戚就业的实际情况,了解职业的类别。 3. 观看相关纪录片,了解不同职业的特点。 4. 小组讨论,列举职业认知方面的偏差。 5. 通过主题演讲"我所钟爱的职业",交流人生规划的体会。 6. 结合疫情下的就业形势,模拟参与招聘的情景剧。 7. 围绕"跳槽与个人发展"的话题展开辩论。

	模块主题（课时）	单元主题（课时）	学 习 内 容	活 动 实 施
课程实施	模块二：理财小当家（模拟沙盘演练）(16)	第四单元财商沙盘游戏(8)	1. 金融能力的培养 2. 能力和收入的关系 3. 资源的分配 4. 资源的利用 5. 生活中的有形和无形损失 6. 金融风险的规避策略 7. 货币流通的作用 8. 个人的货币流通	1. 了解游戏规则并进行分组；通过财商沙盘让学生了解收入和支出的对应。 2. 通过机会卡和事件卡，知道预算的重要性。 3. 通过机会卡和事件卡明白自身技能对提高收入的重要性。 4. 列举生活中的案例，讨论如何规避风险和对于结余收入的合理安排。 5. 运用案例模拟选择或者投资，或者储蓄和保险的不同行为方式。 6. 观看有关录像，了解投资的风险及应对措施。 7. 通过了解鸡蛋不要放在一个篮子里的常识，明白收入的结余需要投资储蓄和保险相配合的道理。
	模块三：财富大管家（博物馆＋银行参访）(16)	第五单元参观银行博物馆(8)	1. 银行的起源 2. 银行的发展史 3. 银行的基本功能 4. 银行的内部结构	1. 讨论研究方向，探讨具体问题，形成解决方案。 2. 组建学习小组，自主查找网络资源。 3. 做好参观学习记录；收集资料，形成课题报告。 课程开展中把控好时间，尤其是交流讨论的有效高效，需要先思考记录然后再交流，明确交流要点，控制交流节奏。注意每个学生个体自我展现表达能力的锻炼，尤其是不爱交流的，需要积极推进让他找到自己擅长的点，可以由写—聆听—讨论并记录自己的思考—反馈问题—参与讨论—发表个人观点等步骤，逐步促进其自我表达呈现。
		第六单元走进工商银行(8)	1. 银行的一般功能 2. 银行的内部分工 3. 银行工作人员的职业道德 4. 实体银行与手机（网上）银行 5. 储蓄的种类 6. 利息的计算	1. 参观工商银行，听取有关人员的介绍。 2. 观察银行工作人员的操作情景。 3. 体验点钞等基本技能的感受。 4. 根据个人意愿针对性选择银行从事不同岗位的工作人员进行访谈。 5. 在网络与数据化管理的背景下，银行如何更好地为客户服务？围绕该问题展开讨论，提出合理建议。

续　表

	模块主题（课时）	单元主题（课时）	学 习 内 容	活 动 实 施
课程实施	模块四：澧溪企业家（18）	第七单元创业家之路（5）	1. 创业家的核心特质 2. 创业家应具有的能力 3. 资金运作的一般流程	1. 通过观看视频，理解企业、产品和服务的含义，理解创业家和创业的内涵。 2. 利用学校金融大厅，模拟策划某一项目上马，所需要资金运作的一般流程。
		第八单元小试牛刀（10）	1. 市场需求和商业构想 2. 设计思维的三大规则 3. 海报创作	1. 活动项目一：商业海报设计。根据了解的金融知识与设计思维进行主题海报创作。 2. 活动项目二：金融小画家。感受四季不同变化，创作"繁花有画·四季有展"的展品。 3. 活动项目三：金融小编辑。制作"金融博物馆"小报，剪辑"参观金融博物馆"视频。 4. 活动项目四：创业初尝试。模拟策划某一创业的过程。
		第九单元市场营销（3）	1. 营销对于商业的意义 2. 营销的具体技能 3. 企业家与企业的社会责任 4. 企业家的决策能力 5. 商业计划书的制订	1. 通过讨论产品定价、分析广告案例、给店铺设计标语和标志、制订营销计划等渐进式教学活动，练习营销技能。 2. 通过走访，明白企业家的社会责任和企业家是如何决策的。 3. 尝试制定商业计划书，并作交流与完善。
	模块五："少年银行家"（财经嘉年华）（8）	第十单元嘉年华宣导（4）	1. 搜集资料与调研的方法 2. 商品交易 3. 工商税务	1. 设置"澧溪商城""澧溪银行""澧溪人才园""澧溪记者站""澧溪管委会"五大主场景，模拟商品交易、金融理财、工商税务等经营活动全过程。 2. 学生搜集资料，经过前期调研讨论，了解财经嘉年华的内容，并在真实活动中不断更新自己对于嘉年华的认知。
		第十一单元收获与汇报（4）	1. 表现性评价 2. 反思与完善自我	1. 学生在五大场景中选择参与职业体验并进行消费或投资的尝试过程。 2. 学生活动后，在小组内交流的基础上，完成以小组为单位的课题汇报，分享各组的收获。 3. 开展生生互评与组间互评，肯定活动表现，并指出存在的不足与可以改进的地方。学生在反思中不断总结经验，完善自我，超越自我。

学习评价	一、小组学习评价 　　（一）过程评价 　　　　根据小组活动开展情况,确定有没有形成合作学习的习惯以及讨论与探究问题是否踊跃。 　　（二）结果评价 　　　　1. 演讲内容（满分 10 分） 　　　　（角色职责清晰、内容明确具体、深入实践） 　　　　A 非常好 9—10 分 　　　　B 比较好 6—8 分 　　　　C 一般 3—5 分 　　　　2. 演讲表现（满分 10 分） 　　　　（语言流畅、神情自信、举止礼貌大方） 　　　　A 非常好 9—10 分 　　　　B 比较好 6—8 分 　　　　C 一般 3—5 分 　　　　3. 作品展示（满分 10 分） 　　　　（作品设计独特、内容符合科学、外表具有美感） 　　　　A 非常好 9—10 分 　　　　B 比较好 6—8 分 　　　　C 一般 3—5 分 二、个人学习评价 　　（一）过程评价 根据活动单完成情况,确定有没有养成相关的学习习惯以及学习过程是否扎实。 　　（二）结果评价 　　　　1. 作品展示（满分 10 分） 　　　　（作品设计独特、内容符合科学、外表具有美感） 　　　　A 非常好 9—10 分 　　　　B 比较好 6—8 分 　　　　C 一般 3—5 分 　　　　2. 小论文撰写 　　　　（观点阐述正确、论点论据吻合、文字流畅） 　　　　A 非常好 9—10 分 　　　　B 比较好 6—8 分 　　　　C 一般 3—5 分 　　　　3. 答辩表现 　　　　（仪表、精神面貌、三观端正、口语表达、项目介绍逻辑性、应变能力） 　　　　A 非常好 9—10 分 　　　　B 比较好 6—8 分 　　　　C 一般 3—5 分

第二节 "融创"课程选例

一、初识金融

学习内容：了解货币及货币的特点、收入的种类和收入的重要性；知道预算和支出、供给和需求、储蓄和投资联系和区别。

设计意图：培养学生对金融的好奇心；引导学生根据存在现象用金融知识进行解释和思考；激励学生用劳动创造财富。

学习目标：本单元意图让学生在自由岛的背景中了解货币概念，知道收入、预算和支出的联系与区别，能在小组合作中分析支出的合理性与改进方法，学会合理分配储蓄与投资。

（一）认识货币，浅谈收入

1. 激发兴趣

自由岛上住着一群幸福的人，他们以捕鱼、打猎和采摘谋生，他们以物易物来获得日常所需。你知道他们用什么作为货币吗？他们是用贝壳来作为货币的。

思考：

（1）我们已经知道了贝壳是最早被作为货币的物品，但是贝壳作为货币有什么弊端吗？小组讨论。

_____

（2）你们还知道其他货币吗？请举例。

_____

（3）通过贝壳、金属和纸币的比较，总结得出货币的特征。

_____

（分组头脑风暴，老师总结讲解）

自由岛的居民发现在离他们不远的地方有一座火神岛，上面的居民会种植水果和蔬菜，但两个岛使用的贝壳是不一样的。不同地区有不同货币的外币/外汇，你知道哪些国家的货币？

_____

2. 形成方案

针对感兴趣的问题,参考下面的案例,设计一个探究方案(见表4-1)。

"元宝社团"的"贝币的流通始末"

探究目标：说明贝壳作为货币的创新和不足;学会质疑。

创意物化：设计一款贝币。

主要步骤：① 探究贝币的历史背景及其要义;② 完成探究方案;③ 对制作的贝币评议。

采取方法：文献检索法。

实践空间：金融大厅;拥有互联网＋设备、虚拟交流平台。

展示交流：展示完成的探究报告和所设计的贝币,解说设计思路;线下线上交流评价。

表 4-1 探 究 方 案

方 案 要 素	主 要 内 容
探究目标	
创意物化	
主要步骤	
采取方法	
实践空间	
展示交流	

3. 自主探究

相同的鱼在不同的岛上兑换的贝壳一样吗？为什么不一样？

(1) 认识人民币。

① 第一套人民币的发行时间：_____

② 第一套人民币的设计者：_____

③ 第一套人民币的发行单位：_____

④ 人民币的背景图案有哪些？请列举至少三种图案。

_____

⑤ 现在使用的是第几套人民币？_____

⑥ 上述认识的文献来源：_____

(2) 认识主流货币。

① 世界主流货币有哪些：＿＿＿＿＿＿＿＿＿＿＿＿＿＿＿＿＿＿＿＿

② 它们的发行国家是：＿＿＿＿＿＿＿＿＿＿＿＿＿＿＿＿＿＿＿＿＿＿

③ 去哪里可以兑换其他国家的货币？＿＿＿＿＿＿＿＿＿＿＿＿＿＿＿＿

④ 什么是虚拟货币？＿＿＿＿＿＿＿＿＿＿＿＿＿＿＿＿＿＿＿＿＿＿＿

⑤ 上述认识的文献来源主要有：＿＿＿＿＿＿＿＿＿＿＿＿＿＿＿＿＿＿

4. 科学解释

汇率是亦称"外汇行市或汇价"。一国货币兑换另一国货币的比率，是以一种货币表示的另一种货币的价格。由于世界各国货币的名称不同，币值不一，所以一国货币对其他国家的货币要规定一个兑换率，即汇率。

货币学派的代表人物弗里德曼认为：当贸易开放且交易费用为零时，同样的货物无论在何地销售，用同一货币来表示的货物价格都相同，这就是一价理论。

5. 拓展活动

自由岛的居民开始使用贝壳作为货币，明显以物易物的交易开始慢慢变少。如何取得更多的贝壳成了小岛居民关心的事情。

小岛的居民可以通过什么方式获得更多的贝壳？如果有人窃取，或者用骨头仿制贝壳，那会导致什么结果？

收入可以粗略地分成两大部分：提供商品和提供服务。结合生活实际，分析哪些收入属于提供商品获得收入，哪些属于提供服务获得收入。

结合实际生活，讨论在提供商品和提供服务获得收入的情况下，哪些属于违法收入，是不可取的。

通过讨论知道如何辨别一些金融陷阱，会识别一切潜在的违法行为，避免被一些不法分子利用。

头脑风暴，思考如何提高收入，知道效率的重要性。

对于收入的重要性，大家已经知道了，那么有什么方式可以提高收入呢？进行讨论和总结。

6. 激励评价

	等　　第	简　要　评　语
全程参与程度		
作品优良程度		
观点创新程度		

（二）财商沙盘游戏

学习内容：能力和收入的关系；资源的分配和利用；生活中的有形和无形损失；金融风险的规避策略；货币流通的作用；个人的货币流通。

设计意图：帮助学生了解预算的重要性以及如何合理分配支出（必要支出和选择支出）；更加需要了解自身素养能力的提高对提高收入的重要性。

学习目标：通过财商沙盘让学生了解收入和支出的对应；通过机会卡和事件卡知道预算的重要性；通过机会卡和事件卡明白自身技能对提高收入的重要性。

1. 激发兴趣

你玩过大富翁游戏吗？来试试澧溪财商沙盘游戏吧！你看得懂沙盘盘面（见图4-1）吗？沙盘由几部分组成？

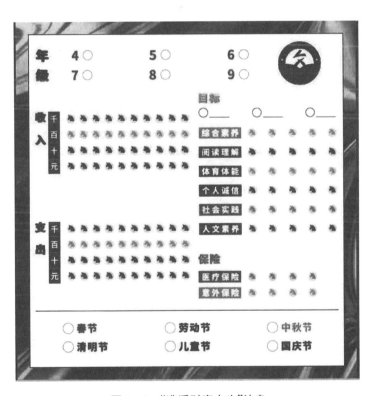

图4-1 "澧溪财富人生"沙盘

财商沙盘规则说明：

"澧溪财富人生"沙盘盘面的内容主要分为目标、年级、收入与支出、素养类、保险、节日六个部分组成，其中收入和支出的数值与你手中的澧溪币对应。可以通过积极参加学校开展的各项活动来提升自己各个素养的星值哦！

你本学期的目标是提升哪些方面的星值呢？

打算提升的是：_____

来订一个周期计划吧：_____

2. 形成方案

针对感兴趣的问题,参考下面的案例,设计一个探究方案(见表 4 - 2)。

"元宝社团"的"元宝的富翁人生"

探究目标：探究"致富"的秘诀。

创意物化：做一份"致富"计划。

主要步骤：① 探究"致富"的意义；② 总结"致富"的策略。

采取方法：文献检索法、实验演示法。

实践空间：属于金融大厅；拥有互联网＋设备、虚拟交流平台。

展示交流：展示"致富"计划,解说其意义；线下线上交流评价。

表 4 - 2 探 究 方 案

方 案 要 素	主 要 内 容
探究目标	
创意物化	
主要步骤	
采取方法	
实践空间	
展示交流	

3. 自主探究

认识收入。收入是指某一个体,包括个人或者企业在销售商品、提供劳务及转让资产使用权等日常活动中所形成的经济利益的总流入,通常包括营业收入、投资收益、公允价值变动收益、资产处置收益、其他收益、营业外收入等。

那你知道什么是支出吗?

_____

_____

对于你自己而言,你的收入大部分来源于:

_____

_____

你的支出大部分用于哪些方面?

_____

_____

收入－支出＝利润

上述公式的意义在于:

_____

_____

把一家店的收入看成是一个蛋糕,各项成本支出切开后最后剩下的才是净利润,创业者需要对于支出的占比有一个基本的认知,学会量入为出。

开始一次财商沙盘游戏,通过活动获得澧溪币(见图 4－2)。在这里你会遇到无数的机会与各种可能的事件,抓住机会来提升自己的金融素养。

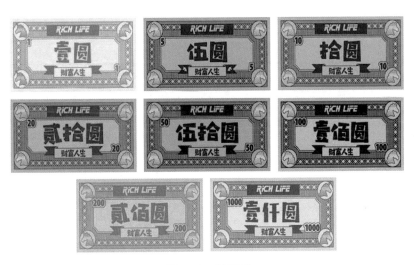

图 4－2 澧溪币

4. 科学解释

产品市场要实现供求均衡,则最终产品应该都正好能够销售出去,即产品市场上的总需求(总支出)应该与总供给(总产出、总收入)相等。

5. 拓展活动

人生时时都面临着选择,不同的选择会给我们的人生带来各种各样的结果。当你拥有了零花钱,你会做预算吗? 按照各个月份合安排自己的收入,做一份预算计划单(见表 4－3)。

表 4 - 3 预 算 计 划 单

月 份	金 额	安 排

　　记账方法是根据一定的原理、记账符号、记账规则,采用一定的计量单位,利用文字和数字在账簿中登记经济业务的方法。按记录方式的不同,记账方法可分为单式记账法和复式记账法两大类。你会对每一次的支出都做好记账吗? 表 4 - 4 是某个家庭一段时间内的家庭收入和支出,请你仿照这张表做一份自己家里的家庭收入和支出记账单(见表 4 - 5)。

表 4 - 4 某家庭收入和支出账单

家 庭 收 入		家 庭 支 出	
本人收入	10 000	保险	1 000
其他家人收入	6 000	房贷/车贷	5 000
奖金/年终奖	8 000	物业	200
		水电及燃气	500
		教育费/学费	2 000
主动收入小计:	**24 000**	**固定支出小计:**	**7 700**
存款利息	800	通信/交通	500
基金	80	食杂	1 000
股票	250	交际	800
		旅游	1 000
		医疗	500
被动收入小计:	**1 030**	**弹性支出小计:**	**3 800**
家庭收入合计:	**25 030**	**家庭支出合计:**	**11 500**

表 4 - 5　家庭收入和支出账单

家 庭 收 入		家 庭 支 出	
本人收入			
其他家人收入			
家庭收入合计		家庭支出合计	

6. 激励评价

	等　第	简　要　评　语
全程参与程度		
作品优良程度		
观点创新程度		

二、市场营销

学习内容：了解市场营销对于商业的意义；通过讨论产品定价、分析广告案例、给店铺设计标语和标志、制订营销计划等渐进式教学活动，练习营销技能。

设计意图：让学生对市场营销的相关概念有所了解，掌握基本营销技能。

学习目标：本单元意图让学生了解什么是市场营销及其作用；通过自主探究了

解市场营销中的定价策略;知道广告中的主要元素,并实际应用于店铺的标语或标志中;讨论制订市场营销计划;了解企业家的社会责任,提高营销技能。

(一) 4P 理论和定价策略

1. 激发兴趣

市场营销,又称作市场学、市场行销或行销学,市场是商品经济的范畴,是一种以商品交换为内容的经济联系形式。对于企业来说,市场是营销活动的出发点和归宿。

市场营销既是一种职能,又是组织为了自身及利益相关者的利益而创造、沟通、传播和传递客户价值,为顾客、客户、合作伙伴以及整个社会带来经济价值的活动、过程和体系,主要是指营销人员针对市场开展经营活动、销售行为的过程。

4P 理论是一种营销理论,即 Product、Price、Place、Promotion 各取开头字母,意思为"产品、价格、渠道、促销"。

2. 形成方案

针对感兴趣的问题,参考下面的案例,设计一个探究方案(见表 4-6)。

"元宝社团"的"农夫山泉有点甜"

探究目标:农夫山泉创品牌的市场营销策略的创新和不足;学会质疑。

创意物化:制作解读农夫山泉的营销策略分析。

主要步骤:① 探究"农夫山泉有点甜"提出的背景及其要义;② 探究农夫山泉营销方案的成功之处。

采取方法:文献检索法、调研法。

实践空间:属于金融大厅;拥有互联网+设备、虚拟交流平台。

展示交流:展示农夫山泉的营销策略分析,解说其意义;线下线上交流评价。

表 4-6 探 究 方 案

方 案 要 素	主 要 内 容
探究目标	
创意物化	
主要步骤	
采取方法	
实践空间	
展示交流	

3. 自主探究

定价策略,市场营销组合中一个十分关键的组成部分。价格通常是影响交易成败的重要因素,同时又是市场营销组合中最难以确定的因素。企业定价的目标是促进销售,获取利润。这要求企业既要考虑成本的补偿,又要考虑消费者对价格的接受能力,从而使定价策略具有买卖双方双向决策的特征。此外,价格还是市场营销组合中最灵活的因素,它可以对市场作出灵敏的反映。

在 10 种零售定价策略,即基于竞争的定价、地理定价、基于订阅的定价、成本加定价、动态定价、免费定价、撇脂定价、捆绑定价、心理定价、高低定价中选择至少 3 种开展自主探究。

(1) 你对哪一种定价策略最感兴趣?

_____

(2) 你知道有哪些成功运用以上定价策略的案例吗? 请举例说明。

_____

(3) 你认为在以上从定价策略中最重要的、最常见的是哪些? 为什么?

_____

4. 科学解释

广告营销是通过营销策划人员,思考、总结、执行一套完整的借力发挥的营销方案。广告营销不仅仅局限于网络营销当中,而且更多的是应用到传统营销中,网络广告营销是借助网络能最大化地传播给受众人群,而且也更为精准,网络广告营销需要广告主借助网络平台投入广告给目标性客户,"创意"就是能否抓得牢用户眼球最重要的利器,充分利用消费者的眼球效益策划出的创意广告营销能让自己的广告在海量的商品信息中脱颖而出,抓住受众的眼球。

广告营销主要以户外广告和媒体广告为主,户外广告包括在大型的商场、地铁站、电影院等人口密集、人流量比较大的场所投放广告,媒体广告主要指在包括报纸、广播、电视、网络等媒介上投放广告,企业主要借助以上两种方式来宣传品牌形象,从而在激烈的竞争中占据优势地位。

广告是一种宣传的手段,也是一种让大众了解企业的方式。广告创意的主要用途就是可以让人注意到广告的存在,并且留下深刻的印象。但是广告创意也必须要注意很多事项,这样才可以事半功倍。

例如,农夫山泉,令大众印象深刻的是其深入人心的广告语"我们不生产水,我们只是大自然的搬运工"。这个成立于 1996 年的"大自然的搬运工",从 2012 年开始已经连续 8 年占据着中国瓶装水市占率第一的头把交椅。

一个卖 2 元水成功跻身行业市占率首位的农夫山泉,农夫山泉凭借精细化的运作,将营销理念、包装设计、广告传播、产品延伸等多方协作,使农夫山泉成为了行业的黑马。经典广告语,让人念念不忘。

农夫山泉天然水广告语:农夫山泉,有点甜;我们不生产水,我们只是大自然的搬运工;每一滴水,都有他的源头;什么样的水源,孕育什么样生命。不难看出,这一系列的营销概念均通过更直观和立体的方式,去构建起用户心中"天然·健康"水的印象,同时又让品牌广告语显得更加生动形象。

5. 拓展活动

你知道李宁这个运动品牌吗?作为我国民族体育用品品牌的代表,李宁本身具有强大的国内市场优势,但却无法抵抗外来强大的"圈粉"力量。很大一部分市场份额被耐克、阿迪达斯、安德玛等一些国际知名运动品牌所占据,转型之路愈加艰难。

2008 年,北京奥运会开幕式上李宁腾空绕场一周的飞天表演震撼世界,无形中为李宁品牌作了一次全世界的直播。为了适应新的发展潮流,李宁公司加大了对渠道终端的整顿力度,提升了店面形象,增加了产品科技、性能等终端宣传。同时加强对店员、经销商等的培训,旨在改善服务水平,提高消费者体验。

李宁公司的品牌战略实施使得李宁品牌提升至更高的台阶,特别是奥运会的刺激一度让李宁公司销售倍增,但由美国次贷危机引发的金融危机席卷全球,使刚刚走出经营困境的李宁公司雪上加霜。

为了改变公司品牌策略的困境,2010 年李宁公司宣布品牌重塑战略,更换了产品的标识和口号,并对产品进行了重新定位,对目标人群及品牌 DNA 作了相应调整。同时,李宁公司通过互联网、地铁广告及电视等来宣传李宁公司全新的广告语,以期望让大众接受李宁公司新的品牌标志、品牌理念。

在产品方面,李宁品牌实施深耕"单品牌,多品类"的策略,在专注于开发其产品专业运动属性的同时,结合时下国货潮流元素挖掘产品的运动时尚属性,开发出更多满足年轻消费群体运动生活需求的产品。"多品类"策略下,聚焦不同品类产品的差异化特性,使产品可以更加精确地满足不同圈层消费群体的功能性需求。至于产品本身性能方面,李宁公司更加注重产品的科技开发,强化品牌核心价值。

李宁公司在联名产品上也功夫颇深,跨界联名的品牌营销模式,为品牌的声誉带来了"溢出性"的营销效果,实现了品牌双方双赢的局面。李宁公司通过联名人民日报、迪士尼、红旗等,实现运动品牌与其他某一领域在消费者心目中已经根深蒂固的品牌形象的联动式品牌宣传,挑动品牌双方固有消费群体的消费欲望,同时也吸引更多消费者参与这场时尚的盛宴,达到了"1+1>2"的现象级营销效果。

阅读了以上案例,你对李宁公司的营销策略有了说明想法?如果你是李宁公司的市场营销组长,你会组织什么样子的营销活动?请完成一份营销方案设计。

小提示：

（1）抓住营销活动的营销点。

（2）营销方案内容要简洁、清晰。

（3）营销文案要把文字和图像结合。

（4）注意营销策划方案的可实施性、时效性、稳定性。

6．激励评价

	等　　第	简　要　评　语
全程参与程度		
作品优良程度		
观点创新程度		

（二）企业家责任

1．激发兴趣

什么是责任？我的责任是什么？

责任就是一个人分内该做的事情。责任具有丰富内涵和多样表现形式，可以从不同角色、不同行为来看待。

在家里的角色：子女、孙子/女、小区的小业主。

在学校的角色：学生、大队长、中队长、小队长、班长、值日生、课代表、纪律检查员。

在社会活动中的角色：消费者、志愿者。

思考：我的社会责任是什么？以上这些角色，都应该做些什么分内的事情？承担什么责任呢？

我的责任：_____

可以将设想和过程进行简要记录，随后进行分享交流。

2．形成方案

关于企业社会责任。作为社会经济中创造更多价值的企业，他们的责任又有些什么呢？

企业的社会责任领域应该是"利益""人"和"公众利益"的三者重合。既不是企业赚钱最大化，也不是公共利益最大化，而应当是企业利益和公共利益的兼顾以及包括股东在内的各利益相关方期望、诉求和要求的平衡，特别是在企业生产经营每个过程和环节的同时体现，而达到企业的营利性和社会性的和谐统一。

小组选择两个企业运营行为,讨论该行为对应需要承担的责任是什么。小组思考和讨论企业是否还有其他的行为和对应的责任。

选择的运营行为:＿＿＿＿＿＿＿＿＿＿＿＿＿＿＿＿＿＿＿＿＿＿＿＿＿

承担的责任:＿＿＿＿＿＿＿＿＿＿＿＿＿＿＿＿＿＿＿＿＿＿＿＿＿＿＿＿

其他行为和对应责任:＿＿＿＿＿＿＿＿＿＿＿＿＿＿＿＿＿＿＿＿＿＿

小组讨论并用思维导图的形式画出:我们自己的小店承担着哪些社会责任? 如何承担这些社会责任?

3. 自主探究

(1) 在你们所了解的企业与创业家中,你觉得哪些企业是承担了社会责任的?

＿＿＿＿＿＿＿＿＿＿＿＿＿＿＿＿＿＿＿＿＿＿＿＿＿＿＿＿

＿＿＿＿＿＿＿＿＿＿＿＿＿＿＿＿＿＿＿＿＿＿＿＿＿＿＿＿

(2) 它们是怎么做的?

＿＿＿＿＿＿＿＿＿＿＿＿＿＿＿＿＿＿＿＿＿＿＿＿＿＿＿＿

＿＿＿＿＿＿＿＿＿＿＿＿＿＿＿＿＿＿＿＿＿＿＿＿＿＿＿＿

(3) 哪些创业家富有社会责任精神?

＿＿＿＿＿＿＿＿＿＿＿＿＿＿＿＿＿＿＿＿＿＿＿＿＿＿＿＿

＿＿＿＿＿＿＿＿＿＿＿＿＿＿＿＿＿＿＿＿＿＿＿＿＿＿＿＿

(4) 他们具体有哪些社会责任?

＿＿＿＿＿＿＿＿＿＿＿＿＿＿＿＿＿＿＿＿＿＿＿＿＿＿＿＿

＿＿＿＿＿＿＿＿＿＿＿＿＿＿＿＿＿＿＿＿＿＿＿＿＿＿＿＿

(5) 如果让你创立一家企业并且承担社会责任,你会成立什么样的公司?

＿＿＿＿＿＿＿＿＿＿＿＿＿＿＿＿＿＿＿＿＿＿＿＿＿＿＿＿

＿＿＿＿＿＿＿＿＿＿＿＿＿＿＿＿＿＿＿＿＿＿＿＿＿＿＿＿

4. 科学解释

ESG 是责任投资中的专有名词,是三个英文单词首字母的缩写,即环境(Environmental)、社会(Social)和公司治理(Governance)。ESG 是衡量上市公司是否具备足够社会责任感的重要标准。ESG 概念最早由联合国环境规划署在 2004 年提出,2014 年以来,ESG 资产管理规模以每年 25％的速度增长。目前,越来越多的公司、投资者,甚至是监管机构都开始关注 ESG,全球范围内各大证券交易所也已在 ESG 方面布局。美国《纽约时报》发表文章称,越来越多的银行在放贷过程中开始关注 ESG 指标,以决定他们是否要向对方放贷。亚洲基础设施投资银行行长金立群在香港参加亚洲金融论坛时呼吁,多边开发机构应该改革,并应进行创新型融资。如果不关注环境、社会、治理的话,就不可能成为现代社会的负责任的参与者。

5. 拓展活动

企业社会责任视角下的创业家决策

请你阅读以下冰激凌商店案例。

公司概况：

一个经营良好的冰激凌店以售卖极优品质的冰激凌而引得消费者关注喜爱。其销售的所有产品的原材料均来自本地资源及一些可持续发展资源。该公司售卖的冰激凌有三种口味：巧克力味、抹茶味和什锦果仁味。

问题简述：

由于抹茶味和巧克力味的冰激凌越来越受欢迎，在过去 6 个月中，什锦果仁味冰激凌的销售额占总销售额的比重下降，且该口味的冰激凌不再有盈利趋势。

运营现状：

该公司售卖的三种口味冰激凌，其生产及原材料分别来自三个工厂和三个原料供应商。其中，什锦果仁味冰激凌的原材料来自一个创新型社会企业，这家企业雇佣了 100 名无家可归的工人，他们为冰激凌制造商包装并准备果仁，该企业的 50 名员工会拿到同比市场水平高出 20% 金额的相同工资，并且签订 5 年的有效期合同。

作为 CEO，你会作出怎样的决策使得公司获得更多盈利？

以小组为单位，讨论作为这家公司的 CEO，应该作出怎样的决策使得公司获得更多的盈利。

再次思考：销售量是否发生变化？什锦果仁的需求有什么特点？如果降低什锦果仁工厂工人的工资，工人的生活会发生什么变化？如果降低所有工厂工人工资的话呢？如果解雇工人呢？

商业道德的重要性：

每一家公司在经营过程中都会面临商业和社会道德方面的抉择，一些不道德的决策在短期内可能会带给企业利益，但是从长期角度来衡量，只有那些道德的决策对企业自身和利益相关者才是最好的。

6. 激励评价

	等　　第	简　要　评　语
全程参与程度		
作品优良程度		
观点创新程度		

三、金融小画家

学习内容：海报创作；创作"繁花有画·四季有展"的展品；制作"金融博物馆"小报，剪辑"参观金融博物馆"视频；模拟策划某一创业的过程。

设计意图：在海报创作中培养学生的动手能力、在"繁花有画·四季有展"的开展中培养学生的合作能力；在模拟策划中培养学生创作创新能力。

学习目标：本单元意图启发学生以学校为市场，调研学生感兴趣的画作并找到合适的供应商，制作产品。

1. 激发兴趣

你看过画展吗？你喜欢什么主题的画展？

画展是从事绘画的艺术家通过由单位或组织主办，另一个单位或组织承担整个展览活动过程运行，通过一个适合特定人群或广大受众参观分享自己在某一阶段内取得艺术创作的成就或成果的过程。

如果让你来开办一场画展，你知道如何来开展吗？先来找到志趣相投的同学，分组完成画展筹办分工表（见表4-7）。

通过学习如何利用设计思维的方法来产生创业点子，并将想法付诸实践。

表4-7　画展筹办分工

分组情况	组长	成员1	成员2	成员3	成员4
展馆策划					
收集作品					
预约、门票管理					
宣　传					
布　展					

2. 形成方案

针对感兴趣的问题，参考下面的案例，设计一个探究方案（见表4-8）。

"元宝社团"的"元宝海报创作"

探究目标：学会创作海报。

创意物化：完成金融主题海报。

主要步骤：① 调研学校内同学们想了解的金融知识以及金融小常识；② 运用多媒体技术创作海报。

采取方法：操作法。

实践空间：属于金融大厅；拥有互联网＋设备、虚拟交流平台。

展示交流：展示海报,解说其意义；线下线上交流评价。

表4-8 探究方案

方案要素	主要内容
探究目标	
创意物化	
主要步骤	
采取方法	
实践空间	
展示交流	

3. 自主探究

书写展馆策划方案

什么是市场需求？

_____

_____

通过调研了解同学们的需求有哪些？

_____

_____

寻找市场需求,根据市场需求和展览主题,跟着图4-3设计思维图填写展馆策划书并填写活动方案。

图4-3 设计思维图

4. 科学解释

设计思维的规则。

● 三个原则

空杯心态、延迟评判、为错误而欢呼。

● 一个基本点

Have Fun!

空杯心态象征意义在于做事的前提是先要有好的心态。如果想学到更多学问，先要把自己想象成"一个空着的杯子"，而不是骄傲自满。

在课堂教学中，有时对学生的发言不能过早地给予评判，以免对其他学生的思维造成影响，而应该留出充裕的时间，还学生一个自由思考的时间，让其在和谐的气氛中驰骋想象，获得更多更美好的创新的灵感。

在生活的常理中，错误总是令人讨厌、让人沮丧。但是，诗人却为错误欢呼歌唱：应该豁达乐观地看待错误，只有这样，才能保持良好的竞技状态，才能走好今后的人生之路。

5. 拓展活动

参考以下案例（见图 4-4、图 4-5），完成一份金融大厅的预约单。

图 4-4　金融大厅项目预约单

图 4-5　金融大厅入场券

6．激励评价

	等　　第	简　要　评　语
全程参与程度		
作品优良程度		
观点创新程度		

四、嘉年华宣导

学习内容：活动前期会搜集资料与调研的方法；活动中掌握商品交易的一般流程；知道工商税务的重要性。

设计意图：通过活动激发学生的自主参与性及创新创造潜能，引导学生对生涯规划及财经素养的关注；将知识学习融入活动之中，引导学生在体验中学习财经素养及生涯规划基本常识。

学习目标：本单元意图在嘉年华活动中加深学生对财经嘉年华的五大场景的了解，并在真实活动中不断更新对于嘉年华的认知；最终学生能参与设计财经素养嘉年华活动。

1．激发兴趣

观看澧溪中学首届财经素养嘉年华活动视频，发现视频中的同学们在做些什么。

_____

_____

用自己的话来形容财经素养嘉年华。

_____

_____

2．形成方案

针对感兴趣的问题，参考下面的案例，设计一个调研方案（见表4-9）。

"元宝社团"的"嘉年华之旅"

探究目标：通过调研了解首届嘉年华活动的成效；汇总学生的建议。

创意物化：设计一个调研单。

主要步骤：①搜集资料与调研的方法；②完成调研单；③汇总学生对首届嘉年华活动的评议。

采取方法：文献检索法。

实践空间：金融大厅；拥有互联网＋设备、虚拟交流平台。

展示交流：展示调研单，解说设计思路，反馈调研单中的学生建议；线下线上交流评价。

表 4-9 探 究 方 案

方 案 要 素	主 要 内 容
探究目标	
创意物化	
主要步骤	
采取方法	
实践空间	
展示交流	

3. 自主探究

你知道可以在澧溪商城、澧溪工商银行、澧溪人才园、澧溪记者站、澧溪管委会（市场监管、税务、人社局）五大主场景中做什么吗？

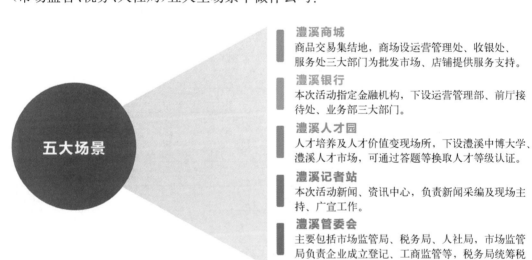

澧溪商城
商品交易集结地，商场设运营管理处、收银处、服务处三大部门为批发市场、店铺提供服务支持。

澧溪银行
本次活动指定金融机构，下设运营管理部、前厅接待处、业务部三大部门。

澧溪人才园
人才培养及人才价值变现场所，下设澧溪中博大学、澧溪人才市场，可通过答题等换取人才等级认证。

澧溪记者站
本次活动新闻、资讯中心，负责新闻采编及现场主持、广宣工作。

澧溪管委会
主要包括市场监管局、税务局、人社局，市场监管局负责企业成立登记、工商监管等，税务局统筹税务工作，人社局负责补贴发放。

图 4-6 五 大 场 景

你想成为哪个场景中的一员，为什么？

先来了解澧溪商城、澧溪工商银行、澧溪人才园、澧溪记者站、澧溪管委会五大主场景中分场景设计及规则吧。

澧溪商城(见图 4-7)分场景。

（1）批发市场的用途：_____

_____

_____

（2）店铺的构成：_____

_____

_____

（3）运营管理部的用途：_____

_____

_____

（4）收银处的职能：_____

_____

_____

（5）服务处的功能：_____

_____

_____

图 4-7 澧溪商城

澧溪工商银行(见图 4-8)分场景。

（1）运营管理部的职能：_____

（2）前厅接待处的职能：_____

图 4-8 澧溪工商银行 图 4-9 澧溪人才园

（3）业务部的职能：＿＿＿＿＿＿＿＿＿＿＿＿＿＿＿＿＿＿＿＿＿＿＿

澧溪人才园（见图 4 - 9）分场景。

（1）澧溪大学的职能：＿＿＿＿＿＿＿＿＿＿＿＿＿＿＿＿＿＿＿＿＿＿

＿＿＿＿＿＿＿＿＿＿＿＿＿＿＿＿＿＿＿＿＿＿＿＿＿＿＿＿＿＿＿＿＿＿＿

＿＿＿＿＿＿＿＿＿＿＿＿＿＿＿＿＿＿＿＿＿＿＿＿＿＿＿＿＿＿＿＿＿＿＿

（2）澧溪人才市场的职能：＿＿＿＿＿＿＿＿＿＿＿＿＿＿＿＿＿＿＿＿＿

＿＿＿＿＿＿＿＿＿＿＿＿＿＿＿＿＿＿＿＿＿＿＿＿＿＿＿＿＿＿＿＿＿＿＿

＿＿＿＿＿＿＿＿＿＿＿＿＿＿＿＿＿＿＿＿＿＿＿＿＿＿＿＿＿＿＿＿＿＿＿

澧溪记者站（见图 4 - 10）分场景。

（1）管理部负责：＿＿＿＿＿＿＿＿＿＿＿＿＿＿＿＿＿＿＿＿＿＿＿＿＿

（2）采编组负责：＿＿＿＿＿＿＿＿＿＿＿＿＿＿＿＿＿＿＿＿＿＿＿＿＿

（3）审核组负责：＿＿＿＿＿＿＿＿＿＿＿＿＿＿＿＿＿＿＿＿＿＿＿＿＿

（4）解说组负责：＿＿＿＿＿＿＿＿＿＿＿＿＿＿＿＿＿＿＿＿＿＿＿＿＿

（5）广宣组负责：＿＿＿＿＿＿＿＿＿＿＿＿＿＿＿＿＿＿＿＿＿＿＿＿＿

图 4 - 10　澧溪记者站　　　　图 4 - 11　澧溪管委会

澧溪管委会（见图 4 - 11）分场景。

（1）市场监管局负责：＿＿＿＿＿＿＿＿＿＿＿＿＿＿＿＿＿＿＿＿＿＿＿

（2）税务局负责：＿＿＿＿＿＿＿＿＿＿＿＿＿＿＿＿＿＿＿＿＿＿＿＿＿

（3）人社局负责：＿＿＿＿＿＿＿＿＿＿＿＿＿＿＿＿＿＿＿＿＿＿＿＿＿

4. 科学解释

"经济学之父"亚当·斯密(Adam Smith)在其于 1776 年出版的《国富论》中说，自由市场就像一只看不见的手，指挥着每一个追求个人利益的人去实现最大的公共利益。

如果没有良好的市场管制，市场中必将充斥着各种满足不良嗜好的产品。市场监管是政府为克服市场失灵、保障公共利益，依法采取的用以规范、制约微观经济主体行为的一系列机制、体制和制度的总称。市场监管在建设全国统一大市场中至少具有以下作用：第一，克服市场的不完善性；第二，有助于确立市场竞争规则；第三，有助于优化营商环境。

5. 拓展活动

在五大场景中哪个场景最吸引你呢？如果你来设计分场景(见表 4 - 10)，你会设计出哪些场景？试试吧。

表 4 - 10 分场景设计

场景：_____		
分 场 景	用 途	人 员 安 排

6. 激励评价

	等 第	简 要 评 语
全程参与程度		
作品优良程度		
观点创新程度		

第五章

综合课程评价体系

《义务教育课程方案和课程标准(2022年版)》强调教育要注重学科内、学科间的知识关联,注重与学生生活、社会实际的联系,从而培养学生的正确价值观、必备品格和关键能力,即加强课程综合、聚焦核心素养、突出学创合一。同时,新课标还强调注重实现"教—学—评"一致性,坚持以评促学、以评促教;调动学生的主观能动性,引导学生、教师皆参与评价,教学相长,形成评价主体多元、评价方式多样的评价体系。

第一节　评价的类型与量规

按照"双新"(新课程、新教材)政策和综合课程的要求,上海市澧溪中学坚持形成性评价与终结性评价并行,学生评价与教师评价并重。在评价量规中,聚焦创造能力,兼顾协作沟通、学习策略等核心素养,培养学生自我反思的习惯以及迭代想法、创造性解决问题的能力。评价的类型与量规如下:

一、学生活动评价——团队活动记录单

团队合作贯穿于整个综合课程之中,为了更好地评集体、评个人,衡量学生合作能力的评价量规不可缺少。在团队活动记录单中,一是关注学生个体在活动中的学习过程,要求以简练的语言、图片描述本次活动收获;二是关注学生个体在团队中的成长过程,用"我们＋我＋彼此"三个纬度,帮助学生形成过程性评价。

二、学生创造性思维评价——五维四阶三评图

创新素养是综合课程的核心,创造性思维评价量规是为了帮助学生和教师剖析学习素养发展情况,推动学生能够达到温故知新或是推陈出新,实现知行合一。创新

素养的评价无法脱离合作、探究精神等评价维度,因为素养本身彼此之间就在融会贯通。因此,结合学生初中学段的学情,采取五个维度作为创造性思维评价指标:创意萌发、设计提炼、探究精神、协作精神和生产创新;每个维度设四阶目标——新手、基础、熟练、高级,即评判学生创造性思维从觉醒、加速、进阶到能够灵活改良的四阶目标;每个维度由自评、互评、师评组成,形成多视角、多层次、多维度的创造性思维评价量规。

第二节　评价的原则与方法

一、评价原则

(一) 方向性原则

评价要坚持正确的价值取向,这是评价的有效性和可靠性的第一层次的最高保障。

(二) 科学性原则

评价应建立于实践活动环境中,基于适当知识、技能和态度对其在实践活动中的表现进行评估。

(三) 全面性原则

评价应该反映学生从思维觉醒到灵活改良的发展过程;评价主体和方式要多样化。

二、评价方法

学生在每次完成活动后对本次团队活动作出评价,完成团队活动记录单,以记录单为依据和基石,推动和迭代下一次活动。

学生根据五维创造性思维中的维度,纵向上从深度、广度、强度,横向上从思维的觉醒、加速、进阶、灵活改良,来进行涂色,具象地展现学生思维发展的过程。

第三节　评价量规的具体应用

第一个评价量规是对学生活动的评价(见表5-1)。

表 5-1 团队活动记录单

一句话概括本次活动(20 个字以内)

从本次活动中学到的 3—5 个重要的收获(每句话 15 个字以内)
(1)
(2)
(3)
(4)
(5)

关于这个活动的照片(最多 4 张)			
(1)	(2)	(3)	(4)

WE 我们团队的目标——我们的合作方式——我们的产出
(1) 目标墙
(2) 我们的规划
(3) 产出链接

ME 我的角色——我的贡献——我的挑战			
(1) 我的角色	(2) 我的贡献	(3) 在冲突中我面临的挑战	(4) 我之前是怎么做的,而我这次是怎么做的

US 我们之间的反馈 (使用反馈——给别人反馈)	
(1) 描述一个建设性的反馈(你提的或其他组员提的),据此,你作了哪些改进?	(2) 当你看到他人行为或活动中需要改进之处,你是否给出反馈帮助他们成长,你是怎么做到的?

我的反思		
(1) KEEP 我要保持	(2) STOP 我要停止	(3) START 我要开始

第二个评价量规是对学生的创造性思维评价,具体评价标准如表5-2所示。

表5-2　创造性思维评价标准

创造性思维	新手(水平1.0)	基础(水平2.0)	熟练(水平3.0)	高级(水平4.0)
创意萌发	能够发掘一项需要创造力去解决的问题,并收集他人的想法来思考解决方案。	能够分解该问题,归类所收集信息,产生新想法或可尝试的解决方案。	能够定义该问题的重要变量,比较问题与需求或问题之间的差异,产生可行的解决方案。	能够通过多类视角(经济、文化、社会等等)深入剖析并重构问题。不断自我质疑,产生新的解决方案或更好地理解问题。
设计提炼	能够阐述一般想法,具化想法(草图、计划等等),并能够基于他人具体回馈进行修改。	能够阐述具体想法和相关细节,具化成可运行并检验的形式(模型、测试版本等),并能够基于具体反馈有效修改。	能够清楚地阐述想法以及有效细节,具化成多版本可对照的形式,并能够根据大致反馈作出精细修改,调整解决方案。	能够阐述想法,辨析可能的障碍,分析影响结果的变量,思考下一步骤,并寻求有针对性的反馈来改进解决方案的质量。
探究精神	能够提出关于任务、过程或想法的问题,用已知来产出解决方案。	能够通过提问拓宽认知,尝试新的解决方式,或能提出一些意想不到且有可行性的方案。	能够用开放的态度思考未知,不断探索,敢于冒险挑战已有的限制、标准或是传统观念。	能够探索新的矛盾的想法、未解之谜或复杂挑战,敢于挑战自己的假设,提出有一定合理性的想法挑战已有限制、标准或是传统观念。
协作精神	能够将他人的想法与自己的作比较。	能够结合自己与他人的想法。	能够联系自己与他人的想法并产生新的见解。	能够整合、利用组员不同深度的视角,发展出原创、有凝聚力的成果。
生产创新	能够根据目标受众的需求喜好定位所需资源,并能够描述生产任务规格,完成生产。	能够融入原创想法、搜集相关资源为目标受众生产产品,并能够提供生产任务的一般步骤,生产满足计划初步要求的产品。	能够有效地融入原创想法、综合资源、改善产品或方案,生产满足目标受众需求喜好的产品。并能够根据计划分析产品,完成生产,必要时作出调整。	能够考虑多类受众群体的需求喜好、选择资源,产出创新产品或方案,并能够预估潜在问题或障碍,合理计划规避问题,生产并对产品进行新的改进。

具体评价方法可使用"五维四阶三评图"(见图5-1),其使用步骤如下:

第一,学生与教师每个阶段填涂完五维四阶三评图后,将数据录入计算机,形成学生创造力思维阶段评价雷达图(见图5-2)。

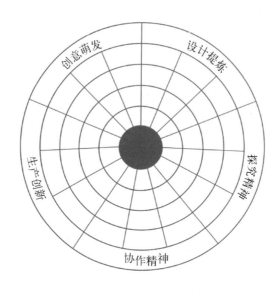

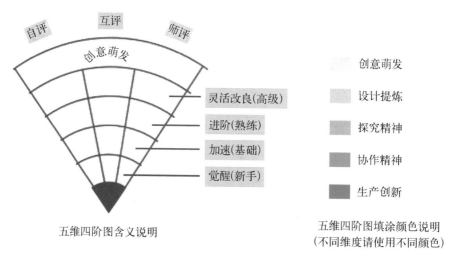

五维四阶图含义说明

五维四阶图填涂颜色说明
(不同维度请使用不同颜色)

图 5-1　五维四阶三评图

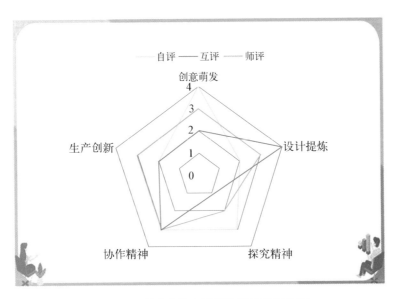

图 5 - 2　学生创造力思维阶段评价雷达图

　　第二,在综合课程的每个阶段中,将学生创造力思维阶段评价雷达图作评估,计算五个维度的三平均值,并纳入综合课程的学生创造力思维跟踪评价条形图(见图 5 - 3)。

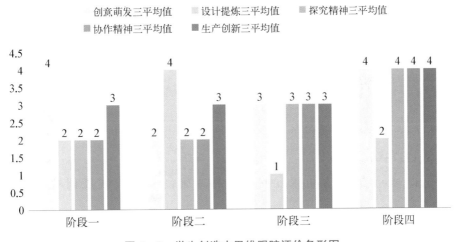

图 5 - 3　学生创造力思维跟踪评价条形图

参考文献

［1］戴羽明,范英军.初中跨学科主题学习的课程理解与教学转型：以《义务教育历史课程标准(2022年版)》跨学科主题学习为例[J].天津师范大学学报(基础教育版),2023,24(01)：58-63.

［2］李金梅.综合实践活动课程中的项目学习：理念、优势与改进[J].教育学术月刊,2021(02)：85-90.

［3］杜媛,毛亚庆.从专门课程到综合变革：学生社会情感能力发展策略的模式变迁[J].全球教育展望,2019,48(05)：39-53.

［4］黄琼.综合实践活动课程的核心立意与实施策略[J].中国教育学刊,2018(02)：68-72.

［5］李树培.综合实践活动课程核心素养与评价探析[J].全球教育展望,2016,45(07)：14-23.

［6］丁运超.研学旅行：一门新的综合实践活动课程[J].中国德育,2014(09)：12-14.

［7］万伟.综合实践活动课程关键能力的培养与表现性评价[J].课程·教材·教法,2014,34(02)：19-24.

［8］钟启泉.综合实践活动课程的设计与实施[J].教育发展研究,2007(03)：43-47.

［9］胡红梅.综合实践活动课程开发模式研究[D].重庆师范大学,2005.

［10］李顺.课程整合的主题学习模式[D].南京师范大学,2004.

［11］郭元祥.综合实践活动课程实施过程中的若干问题及策略[J].全球教育展望,2004,33(02)：39-43.

［12］钟启泉,安桂清.综合实践活动课程：实质、潜力与问题[J].北京大学教育评论,2003(03)：66-69.

［13］张华.论"综合实践活动"课程的本质[J].全球教育展望,2001(08)：10-18.